Cristina Núñez Pereira y Rafael R. Valcárcel

Vidas que cambian vidas

Ilustraciones de **Raquel Cané**

NUBE **DE TINTA**

A Miguel Á. Delgado, que nos puso sobre la pista de varios de los personajes que animan este libro.

A nuestras familias, que, con sus sugerencias y su apoyo, también impregnan las páginas que siguen.

Papel certificado por el Forest Stewardship Council®

MIXTO
Papel procedente de fuentes responsables
FSC® C117695

Primera edición: noviembre de 2018

© 2018, Cristina Núñez Pereira y Rafael Romero Valcárcel
© 2018, Penguin Random House Grupo Editorial, S. A. U.
Travessera de Gràcia, 47-49. 08021 Barcelona
© 2018, Raquel Cané, por las ilustraciones

Printed in Spain – Impreso en España

ISBN: 978-84-16588-78-7
Depósito legal: B-22.984-2018

Compuesto en La Nueva Edimac, S. L.

Impreso en Talleres Gráficos Soler
Esplugues de Llobregat (Barcelona)

NT 8 8 7 8 7

Penguin
Random House
Grupo Editorial

Introducción

En este libro, lleno de detalles biográficos fascinantes, encontrarás las historias de cuarenta personas reales que nos inspiraron. Maestras, espías, aventureros, fotógrafos, pintoras, arquitectos, periodistas… de todo el globo y de épocas muy diferentes.

Creemos que en el tapiz de todo ser humano hay un hilo de cada una de las vidas que le rozan: las de sus padres, hermanos y familiares, las de sus amigos y compañeros, las de sus rivales o las de sus referentes.

Tenemos la esperanza de que estas cuarenta narraciones contribuyan, con sus cuarenta hilos, a enriquecer tu propio tapiz y, en consecuencia, también el de las personas que forman parte de tu vida.

James Barry
El secreto del cirujano

¿Entre 1785 y 1799? Probablemente, en algún lugar de Irlanda.

Érase una vez...

Son pocos los hechos de la vida de James Barry que se conocen con certeza. De su infancia, prácticamente ninguno. Ni siquiera su fecha de nacimiento, debido, quizá, a las innumerables ocasiones en que Barry mintió sobre su edad mientras vivió.

Sí consta que fue aceptado en la Universidad de Edimburgo en 1809, donde estudió Medicina. A punto estuvo de no poder realizar los exámenes finales, ya que su aguda voz, sus rasgos delicados, su baja estatura y su finísima piel hacían sospechar una juventud extrema: ¿se hallaban ante un niño que aún no había pasado la pubertad? Finalmente, obtuvo el título y poco después se unió al ejército como asistente médico.

Fue a parar a Sudáfrica, donde fue nombrado inspector médico colonial. Debía de presentar un aspecto cuando menos curioso: con el cabello color fuego, los zapatos alzados con suelas de más de siete centímetros, su sable y unas hombreras sospechosamente abultadas. Vestía de uniforme y con sombrero de tres picos. Dicen que iba a todas partes con su parasol y acompañado de su sirviente. Además, por lo visto, siempre llevaba consigo una cabra de la que obtener leche fresca.

Con los enfermos siempre fue compasivo y paciente, e incluso llegaba a aceptar casos que otros médicos consideraban poco dignos. Así, nunca se negó a asistir a leprosos, presidiarios y lunáticos, y denunció la crueldad y la negligencia con que eran tratados por parte de la Administración. Como médico, destacó tanto por su talento como por su habilidad.

Entre sus logros se cuenta una de las primeras cesáreas practicadas a una mujer viva de la que tanto el hijo como la madre salieron bien. Además, mejoró el sistema de abastecimiento de agua de la colonia para restarle impurezas. Gracias a las medidas higiénicas que adoptaba, consiguió aumentar la tasa de supervivencia en el quirófano, así como mantener un cierto control sobre la lepra.

Sin embargo, en el resto de sus relaciones se mostraba rudo, díscolo y contestatario. Como inspector médico militar, protestó incansablemente contra el caos y las desagradables condiciones en que se trataba a los enfermos. A lo largo de su vida, su tendencia a la insubordinación y a la confrontación directa acabó creándole enemistades. Incluso dicen que le supuso una degradación de rango.

Tras su estancia en Sudáfrica, continuó trabajando en lugares tan dispares como Isla Mauricio, Trinidad y Tobago y la isla de Santa Helena. Allí, consiguió mejorar la calidad de vida de las tropas, así como la salud de los indígenas. Después vinieron Malta, Corfú, la península de Crimea, Jamaica y Canadá. En ninguno de esos lugares su conducta y su aspecto pasaron desapercibidos. Siempre se le tuvo por un hombre muy singular.

A su muerte, una de las mujeres encargadas de preparar el cadáver para su entierro descubrió que el cuerpo que debía lavar era sin lugar a dudas el de una mujer. Se dice que su pasión por la medicina había llevado a James Barry, con la connivencia de su familia, a adoptar una identidad masculina para poder estudiar y ejercer la profesión, vetada en aquel entonces a las mujeres.

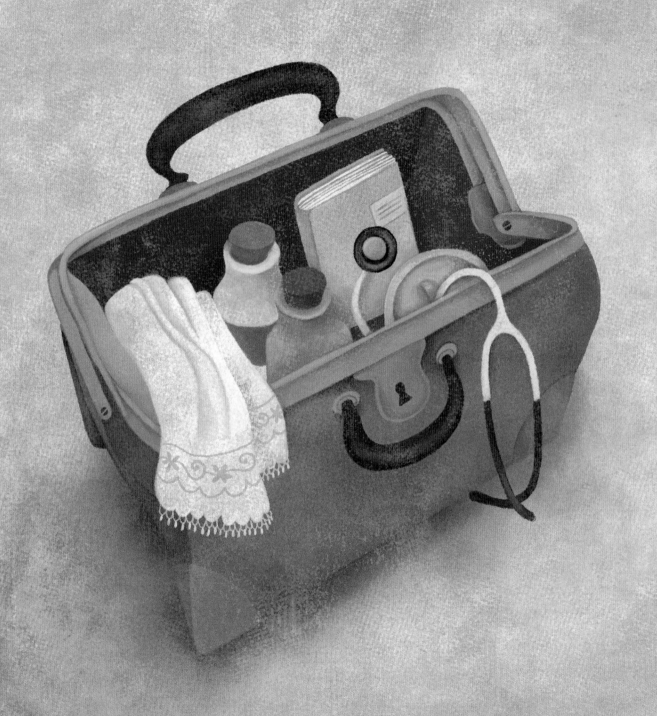

Paul Wittgenstein
Música para la mano izquierda

1887, Viena, Austria.

Érase una vez...

Paul nació en una familia acaudalada (se cree que, en la época, la de los Wittgenstein era la mayor fortuna de Europa), en cuyo seno cupo desde la discreción hasta la locura. Él amó la música desde muy joven y tuvo la suerte de compartir su pasión con grandes figuras de su tiempo: durante las veladas que se celebraban en su casa, pudo tocar a dúo con Johannes Brahms, Gustav Mahler o Richard Strauss.

En 1913, debutó como pianista en la sala de conciertos más grande de Viena. Obtuvo críticas favorables, pero tuvo que interrumpir su incipiente carrera para participar en la Primera Guerra Mundial. En agosto de 1914, de camino a la frontera rusa, Paul recibió un disparo en el hombro derecho. Perdió la conciencia antes de llegar al hospital de campaña. Cuando despertó, le habían amputado el brazo, y el hospital estaba en manos enemigas. Los pacientes y el personal médico fueron trasladados a Siberia, en medio de las heladas.

Siendo prisionero, Paul aprendió a realizar las actividades de la vida diaria con una sola mano: lavarse, vestirse, comer... Y decidió que también aprendería a tocar el piano así. Por eso, dibujó un teclado con carbón en una caja de madera. Se pasaba varias horas al día refinando su técnica y practicando diferentes combinaciones de movimientos. Su determinación nunca lo abandonó: «Era como subir una montaña. Si no puedes acceder por un lado, pruebas por otro».

Meses después, un diplomático que sintió simpatía por él lo envió a un campo de internamiento donde Paul tendría acceso a un piano. Allí, comenzó a adaptar todas las piezas que se sabía de memoria. También contactó con un antiguo maestro suyo para que le escribiese un concierto para la mano izquierda.

Terminada la guerra, ya liberado, fue haciendo la misma solicitud a otros compositores de la época, de tal modo que se creó un amplio repertorio de

piezas para la mano izquierda. El reto que suponía escribir solo para una mano hizo nacer algunas de las composiciones más geniales de estos músicos. Generalmente, estos encargos se financiaban con la fortuna familiar. Sin embargo, Paul no sintió por parte de esta ningún apoyo emocional. De hecho, se cuenta que, en cierta ocasión, mientras ensayaba en la casa familiar, le gritó a su hermano: «No puedo tocar mientras estás en casa porque siento cómo tu escepticismo se cuela por debajo de la puerta».

Lo que más ansiaba Paul era que lo tomaran en serio, que apreciasen sus interpretaciones sin tener en cuenta las condiciones de su cuerpo. Su primer concierto con una manga del esmoquin vacía lo ofreció en 1916. Desde entonces, continuó practicando incansablemente y haciendo arreglos en algunas de las obras que él mismo había encargado (no siempre con el pláceme del compositor).

Antes de que estallara la Segunda Guerra Mundial, como no se le permitía ofrecer conciertos en Alemania (por ser de ascendencia judía), Paul partió para Estados Unidos, donde se dedicó a la enseñanza de la música. Su trabajo y su porfía han servido de inspiración a otros pianistas con problemas en las manos.

Annie Oakley
Pequeño tiro certero

Érase una vez...

La vida en la granja no era fácil. Para nadie. Cuando Annie tenía apenas seis años, su padre se vio envuelto en una ventisca mientras iba camino de la ciudad a vender unos caballos. Al poco, enfermó y terminó muriendo de neumonía. La vida en la granja era dura. Sin embargo, cada noche la madre de Annie reunía a todos sus hijos para cantar himnos y rezar.

Cuando no tenía ni diez años, Annie se mudó con otra familia, para la que trabajaba a cambio de techo y comida. Ordeñaba, alimentaba a corderos y cerdos, bombeaba agua, acunaba al bebé de la casa, escardaba el jardín, recogía moras, desenterraba patatas… Por quedarse dormida ante unas medias que debía zurcir, fue expulsada de la casa y de forma repentina se vio, sola y desprotegida, en mitad de la nevada noche. Tras varias peripecias, milagrosamente, consiguió regresar con su madre.

De vuelta en casa, tomó el viejo rifle de su padre y se inició en la caza. Las pequeñas presas que cobraba las vendía a un comerciante cercano, que acababa distribuyéndolas por toda la región. En pocos meses, la puntería de Annie consiguió pagar la hipoteca de la granja materna.

Su talento no pasaba desapercibido y pronto recibió una invitación para participar en una apuesta contra Frank Butler, un afamado tirador, que se hallaba de gira. Este supo que había perdido en cuanto vio a la tímida joven de quince años subir al escenario. Efectivamente, de los veinticinco tiros en juego, Annie no falló ninguno.

Frank comenzó a hacerle la corte a la joven. Le enviaba cartas firmadas por George, su perro, por quien Annie había mostrado debilidad. Finalmente ella y Frank se casaron. Durante toda su vida, él no dejaría de escribirle poemas y de profesarle su admiración. Incluso disfrutaba de ser conocido como «el señor Annie Oakley».

Enseguida, Annie comenzó a colaborar en la gira de su esposo, sujetando objetos y, luego, tirando ella misma. Acompañados por George, recorrieron todo el país con un espectáculo que incluía demostraciones de la puntería de Annie: acertar a un centavo arrojado al aire o a un cigarro que Frank sujetaba entre los labios.

Poco después, se unieron al espectáculo del salvaje Oeste de Buffalo Bill. En él, Annie era la estrella sin parangón y Frank asumió con alegría un papel como gestor. Pasaron los años. Tras un terrible accidente de tren, la pareja se retiró, aunque al poco regresó a los escenarios junto al nuevo miembro de la familia, el perro Dave. Su cometido en el espectáculo consistía en aguardar, pacientemente sentado, a que Annie le disparara a una manzana colocada sobre su cabeza.

Luchadora, y con gran sentido de la justicia y el bien, durante la Primera Guerra Mundial, Annie se dedicó a recaudar, con su esposo, dinero para la Cruz Roja ofreciendo nuevos espectáculos. Dave contribuía en estas exhibiciones olfateando los pañuelos del público hasta que encontraba donativos ocultos en ellos.

Tras retirarse, Annie se dedicó a cazar, pescar y enseñar a otras mujeres a disparar. También a mimar y consentir, junto a su esposo, a sus sobrinos. Murió el 3 de noviembre de 1926. Se dice que Frank falleció dieciocho días después, de inanición, incapaz de probar bocado desde que su compañera faltara de su lado.

Loïe Fuller
La danza de la seda

1862, Fullersburg (hoy Hinsdale), estado de Illinois, Estados Unidos.

Érase una vez...

Una granja del Oeste americano. Una chiquilla regordeta y mal vestida. Una niña torpe y obstinada. Con dos años y medio, se sube a un escenario, hace una graciosa reverencia y recita la oración que reza con su madre todas las noches. En la niña bulle un encanto especial, una magia que ya queda espolvoreada sobre la audiencia. Su padre la inicia en la danza. Esa magia y la fuerza de su creatividad acabarán transformando su cuerpo en un prodigio de movimiento e ilusiones ópticas.

Estreno de una comedia. El escenario, que representa un jardín, está iluminado por tenues lámparas verdes. Loïe aparece enfundada en un largo vestido de seda, arreglado por ella misma. Interpreta a una joven viuda. Se halla bajo los efectos de la hipnosis e imita los movimientos de quien la hipnotiza. Mueve los brazos, suelta y recoge la seda, revolotea por el escenario como un espíritu alado. «¡Una mariposa!» «¡Una orquídea!» El público grita espontáneamente el nombre de aquello que cree ver.

La obra no tiene éxito, pero la seda que se escurre ondulante entre las manos de Loïe la ilumina con una idea: crear una danza. Ensaya y ensaya, y descubre que cada movimiento de su cuerpo tiene un efecto concreto en el comportamiento de la tela y que cada efecto se repite con un rigor casi matemático. Diseña espirales. Su cuerpo, no especialmente dotado para la danza, sigue los movimientos del tejido.

Crea doce pasos y busca un color adecuado para iluminar cada uno: azul, rojo, amarillo… Los empresarios teatrales encuentran ridículo el empeño de esta actriz por convertirse en bailarina. Cuando por fin consigue bailar ante uno, lo hipnotiza. Su danza queda bautizada como «La serpentina» y se integra en el entreacto de una obra de teatro, pero el nombre de Loïe no figura en el cartel. Un amigo suyo lo grita a voz en cuello durante el debut en Nueva York. El público reconoce a su antigua mariposa, orquídea o nube… y aplaude a rabiar.

Pronto comienzan las imitadoras. Se apropian de su baile, así que ella decide probar suerte en Europa. En París sus diversos solos —la serpentina, la violeta, la mariposa, la danza blanca…—, convenientemente iluminados, suponen tal éxito que a menudo los aplausos le impiden terminar el espectáculo.

Se enamora del color y de la luz. Instala un laboratorio donde hace experimentos sobre los efectos lumínicos. Sus danzas son una gran convocatoria sensorial, que pretende hacernos regresar a la armonía de la naturaleza. Consigue efectos fosforescentes, con sales de plata aplicadas sobre un vestido negro, o fluorescentes, probablemente con rayos ultravioleta. Llega a patentar algunos polvos y dispositivos. Su vestido crece y crece, así que comienza a emplear unas largas varas para poder mover los metros y metros de tela. Un gran esfuerzo físico que su cuerpo acusa a menudo. La luz con que ilumina su arte contribuirá, asimismo, a dejarla ciega.

Será admirada por soberanos, escultores, pintores, cineastas y científicos. Siempre en movimiento, fue imposible esculpirla. De espíritu libre, se negó siempre a ser filmada, pues no deseaba verse encerrada en una caja.

John Dalton
A la caza del color

Érase una vez...

El padre de John era tejedor, y su madre y su hermana vendían tinta y plumas. John demostró desde bien pequeño una gran inteligencia; de hecho, a los doce años ya pudo contribuir a la economía familiar dando clase a otros niños. En otras ocasiones lo hizo dedicándose a faenas agrícolas. Finalmente, se asoció con su hermano para fundar una escuela y ganarse la vida con la enseñanza.

Sus amplios y variados intereses lo llevaron a escribir sobre numerosos aspectos: sobre la lluvia, el rocío y el origen de los manantiales; sobre el calor, el color del cielo y el vapor; sobre los verbos auxiliares y los participios de la lengua inglesa… Es especialmente conocido por su teoría sobre la composición de la materia.

De joven, dedicó muchos esfuerzos a hacer estudios relacionados con los fenómenos atmosféricos y comenzó un diario meteorológico. Entonces, la única manera de poder medir la temperatura y la humedad a diferentes alturas era escalar las montañas equipado con los aparatos convenientes. Y así lo hacía John, a menudo con termómetros, higrómetros y barómetros fabricados por él mismo. Con estos últimos calculaba, efectivamente, la altura de las cumbres.

También le apasionaban los seres vivos. Coleccionaba y examinaba caracoles, mariposas, garrapatas, gusanos…, observando de qué se alimentaban y qué residuos producían. Estudiando el mundo vegetal, se despertó en él una nueva inquietud, relacionada con el color. En los manuales, había plantas cuyo color se describía como blanco, verde o amarillo. Hasta aquí Dalton no halló nada extraño. Sin embargo, las nociones azul, púrpura y rojo de los textos se correspondían con un único color para él: un triste azul apagado.

Había una diferencia en la percepción del color entre Dalton y las demás personas. Empezó a investigar. Mandaba lazos de colores a amigos y

conocidos para preguntarles de qué color los veían ellos. Se dio cuenta pronto de que su arcoíris personal era una reducida gama de tres colores. A su hermano le sucedía otro tanto.

Esto dio lugar a no pocas situaciones hilarantes: en cierta ocasión, le compró a su madre unas medias, que resultaron ser de un bermellón escandaloso. De igual modo, cuando quiso hacerse un traje para las grandes ocasiones, estuvo a punto de elegir una llamativa tela roja, como la empleada en los trajes de la caza del zorro. Para él, era sencillamente gris.

En *Hechos extraordinarios relacionados con la visión de los colores,* propuso que esta deficiencia en la percepción del color se debía a una anomalía física. Para poder probar su hipótesis, le pidió a su médico que, a su muerte, le extrajera los globos oculares y los analizara para comprobar si el humor vítreo tenía un tono azul. Aunque no se demostró que este fuera el origen de su anomalía, John Dalton fue el primero en describir la ceguera al color y tratar de hallarle una causa. De hecho, a una de las alteraciones genéticas que impiden distinguir ciertos colores se la acabó denominando «daltonismo».

La noche antes de fallecer, cincuenta y siete años después de haber empezado las anotaciones en su diario meteorológico, consignó en él, con letra temblorosa: «Poca lluvia hoy».

Mungo Park
Camino a Tombuctú

1771, Foulsheils, cerca de Selkirk, Escocia, Reino Unido.

Érase una vez...

Mungo nació y creció en una granja de las tierras bajas escocesas, muy cerca de un río. Tuvo una infancia feliz, pero modesta y sencilla. Con apenas catorce años, se fue a vivir a Edimburgo, donde estudió Medicina. Tras graduarse, se dedicó a estudiar astronomía y botánica, a buscar flora en las colinas y a leer literatura de viajes. Se había convertido en un joven alto y esbelto, silencioso y reservado.

Deseoso de viajar, con veintiún años se trasladó a Londres para ampliar sus horizontes. Era culto y atento, y el brillo aventurero de su mirada conquistaba a cualquiera. Pronto le propusieron participar en una expedición a Sumatra, un viaje seductor pero arriesgado. Mungo descubrió su amor por viajar y su instinto de supervivencia. Tras dieciocho meses, regresó bronceado, con nueve especies nuevas de peces y más determinado que nunca a proseguir con los viajes.

Lo mandaron a África, en busca del río Níger y de la ciudad —¿legendaria?— de Tombuctú. Entusiasmado, partió con dos pistolas, dos brújulas, un sextante, un termómetro, un botiquín, un sombrero de ala ancha, un paraguas, un frac, un bastón de malaca y empuñadura de plata, un pasaje en un buque mercante y una carta de crédito para adquirir provisiones y bienes con los que comerciar.

Park tardó dos años en completar su aventura, jalonada de vicisitudes, que él fue consignando por escrito con una pasión que se revela en la cantidad de detalles con que construye su relato. Por ejemplo, en el reino musulmán de Ludmar fue hecho preso. Tras escapar al desierto y vagar sin apenas comida y sin más agua para beber que la de la lluvia, llegó al Níger, que, según sus palabras, «brillaba al sol de la mañana tan ancho como el Támesis a la altura de Westminster, y fluía lentamente en dirección este».

En su azaroso viaje de regreso, lo desvalijaron. Le quitaron la ropa y las botas. Milagrosamente, le devolvieron el sombrero (en cuya faja guardaba

sus diarios). Por fin, consiguió llegar a la costa, donde se pagó un pasaje de regreso a Europa vendiendo como fetiches religiosos frases del Corán que escribía en trozos de papel de su diario.

Ya en Europa, se casó con el amor de su infancia y se instaló como médico al sur de Edimburgo. Era un doctor discreto y comprensivo. Y melancólico. Tomaba clases de árabe. Algunos amigos lo encontraban a menudo lanzando piedras a ras de agua en el río de su infancia: era lo mismo que había hecho tantas veces durante su expedición para calcular la profundidad del río Níger. Seguía sintiendo la llamada de África.

Mungo pudo participar en una nueva expedición, mucho más numerosa, cuyo propósito era establecer una ruta comercial río Níger abajo. Desde el comienzo, todo fue difícil: la época de las lluvias los alcanzó pronto y la malaria y la disentería se cobraron muchas víctimas. Superaron el ataque de perros salvajes, cocodrilos e incluso una manada de leones.

Con el tiempo, la expedición quedó reducida a cuatro personas. El propio Park luchaba contra la disentería y unos dolores de cabeza atroces. La fascinación que las tierras africanas ejercían en él lo ayudaban a superar cada dificultad con optimismo y nuevas energías. En una canoa de poco calado, decidió adentrarse en la zona desconocida del río. Escribió cartas de despedida y envió un mensajero con sus diarios. Se lanzó río abajo, alejado de la orilla, hacia la ciudad soñada.

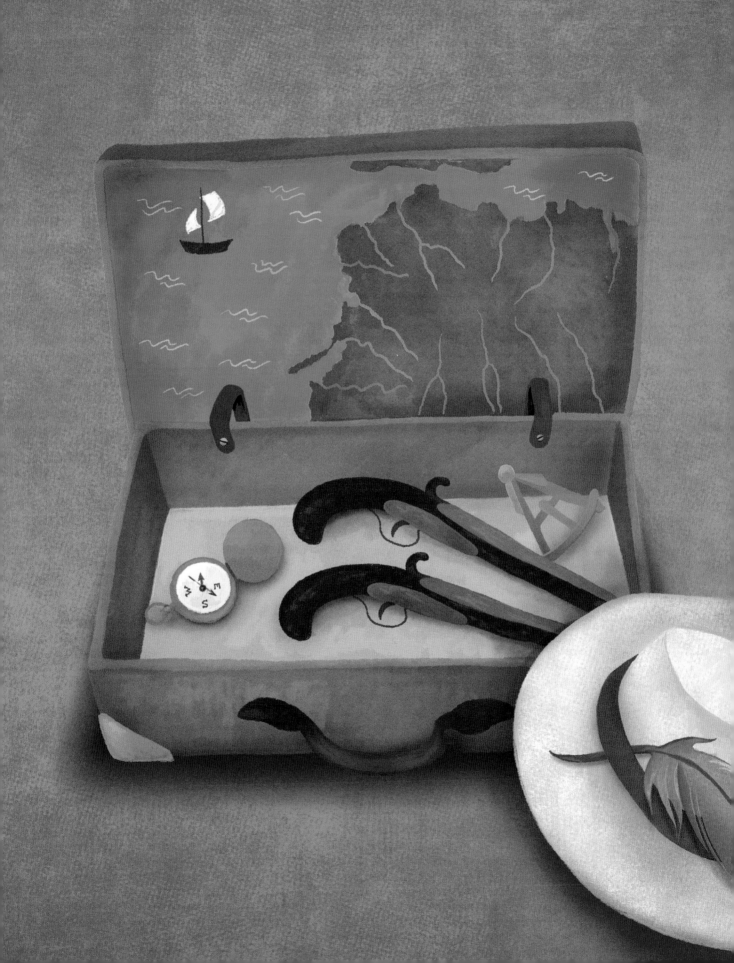

Hilma af Klint
Un espíritu con pincel

1862, Solna, Estocolmo, Suecia.

Érase una vez...

Hilma pasó su infancia en un castillo. Este servía de academia naval y en él trabajaba su padre, que era almirante y matemático. Los veranos, en cambio, la familia se trasladaba a una pequeña isla situada en un lago. Allí, Hilma sintió una fuerte vinculación con la naturaleza y, desde entonces, sus formas serían una inspiración en su trabajo.

Desde bien pequeña, además de mostrar un gran interés por las matemáticas, reveló grandes dotes para el dibujo. Esto le permitió estudiar en la Real Academia Sueca de las Artes, en Estocolmo, y pronto empezó a ganarse la vida como pintora. Vendía retratos y paisajes naturalistas, y también dibujaba estudios anatómicos para un instituto veterinario.

Sin embargo, la experiencia de acompañar a su hermana Hermina, de diez años, en su lucha agónica contra la gripe y acabar perdiéndola abrió para Hilma las puertas de un mundo invisible, desconocido y sobrenatural. A partir de entonces, se interesó por la espiritualidad y el más allá, de una forma casi obsesiva. Obsesión que, por otra parte, flotaba en el ambiente de la época: el espiritismo y la antroposofía convivían con descubrimientos científicos como los rayos X o las ondas electromagnéticas, que avalaban la existencia de un mundo oculto a los sentidos.

Junto con otras cuatro amigas pintoras, Hilma fundó el grupo de Las Cinco, en cuyas reuniones aunaban el espiritismo con el arte: escribían y pintaban al dictado de los espíritus con los que supuestamente contactaban. Es un antecedente clarísimo del ejercicio surrealista conocido como «escritura automática» (consistente en dejar fluir los pensamientos por la página sin cortapisas ni constricciones racionales).

Círculos concéntricos, óvalos, espirales, pirámides, escalas cromáticas, figuras simétricas… La geometría al servicio de lo invisible. Gregor, un habitante de otro plano astral, le indicaba a Hilma que se concentrara en el conocimiento que no pertenece a los sentidos ni al intelecto. Ella reco-

gía el mandato y trabajaba de forma segura y firme, sin cambiar ni una pincelada. El bien y el mal, lo masculino y lo femenino, la religión y la ciencia…Colores y líneas se unían y oponían para plasmar la dualidad del mundo en telas de enorme tamaño. Ninguno de estos cuadros vio la luz. Hilma expuso y vendió su obra figurativa, pero mantuvo oculta su producción abstracta, persuadida de que el público de su época no la entendería.

Antes de morir, Hilma le pidió a su sobrino que impidiera que estos cuadros secretos se exhibiesen hasta pasadas dos décadas de su muerte. Quedaron almacenados en su granja. Años después, el nuevo dueño de la finca quiso vaciarla para alquilarla. El sobrino de Hilma, más por complacer a su difunta y extraña tía que porque creyera en su calidad artística, rescató mil doscientas pinturas, un centenar de escritos y veinte mil páginas de anotaciones.

Así se salvaron del fuego los primeros cuadros abstractos que se conocen. Sin embargo, la historia del arte aún no se ha reescrito debidamente para reconocerle a Hilma su lugar.

Faustino Chacón
Encantador del fuego

1779 o 1780, probablemente en Toledo, España.

Érase una vez...

Con solo diez años, Faustino tuvo que buscar su propio sustento, así que se puso a trabajar como jornalero. Pasaba grandes penurias: hambre, frío, agotamiento… No recordaba que, desde que era un bebé, poseía un don extraordinario. Pero una noche de frío intenso le vino a la mente algo que su madre le había contado: a los pocos meses de nacer, se había caído en un fogón sin sufrir quemadura alguna en el accidente.

Tras varios días con esta imagen en la cabeza, se decidió a «tentar la lumbre» y comprobó que, efectivamente, ni padecía dolor ni se quemaba. Se encerró en un horno de pan, con idéntico resultado. Faustino comenzó a explotar su capacidad para conseguir un poco de liquidez y viajó por varios lugares de España, asombrando a todos con su don. Incluso se cuenta que, con apenas diecisiete años, salvó la vida de varias personas que se habían quedado encerradas en una confitería en llamas.

Tal proeza llegó a los perplejos oídos de un profesor de París, el ciudadano Robinson. El padre de Faustino le confirmó a este que su hijo gozaba, desde niño, del don de la incombustibilidad. Pensando que el sujeto merecía ser estudiado por la ciencia, Robinson se ofreció a acompañarlo a París, para que probase sus habilidades ante un comité científico, en la escuela de Medicina.

Ante químicos, veterinarios, médicos y cirujanos, Faustino puso los pies, las manos e incluso la lengua sobre planchas metálicas calentadas al rojo. Introdujo las piernas en aceite hirviendo, y luego se lavó la cara y las manos con él. Hizo lo propio con ácido sulfúrico, del que incluso se bebió una copa por error. Y permaneció en un horno durante diez minutos. Sin que se quemara otra cosa que su ropa.

Los expertos quedaron anonadados y confusos; llegaron a analizar su sangre, su orina y sus excrementos en busca de una explicación, pero fue en vano. Acabaron rendidos ante la fabulosa cualidad de Faustino.

Este decidió aprovechar esa fascinación mítica que suscita el fuego y, con el nombre de «senor Lionetto», explotó su don en un espectáculo que fue perfeccionando con el tiempo.

En España, algunos espectadores salían boquiabiertos de la exhibición, pero pronto hubo quien comenzó a mostrarse escéptico: ¿por qué al poner el pie sobre el plomo ardiente no lo dejaba quieto, sino que lo movía sobre él de forma acelerada? Un folleto anónimo ofrecía explicaciones racionales para todo el espectáculo.

Al ver que, en su país, su reputación peligraba, Lionetto se marchó a Europa y la recorrió con gran éxito. En Italia, no obstante, asistió a su espectáculo un profesor de química, el señor Sementini. Este, con sus conocimientos de química y usando su cuerpo como campo de pruebas, logró elaborar un ungüento capaz de preservar de la acción del fuego y desmontar así todos los trucos de Lionetto.

Como poseedor de un poder extraordinario, Lionetto había quedado desenmascarado. La habilidad de Faustino como ilusionista, en cambio, está fuera de toda duda.

Tempest Anderson
El ojo de los volcanes

1846, Stonegate, York, Inglaterra, Reino Unido.

Érase una vez...

Tempest nació en una apacible ciudad situada en un fértil valle, al que riegan dos ríos y cuyas llanas tierras se dedican principalmente a los cultivos. Su nombre («tempestad») no parece muy en consonancia con la vida tranquila que allí llevó durante muchos años, pero sí responde a la extraordinaria energía con que se dedicó a un pasatiempo peligroso e insólito (al menos en aquella época): la vulcanología.

Tras finalizar sus estudios de Medicina como especialista en oftalmología, comenzó a trabajar en la consulta de su padre y en el hospital de la ciudad. Pronto fue una figura renombrada por su ingenio, que lo llevó a crear diversos instrumentos con los que observar y medir los defectos del ojo y a realizar cirugías oftálmicas pioneras.

Tempest sentía una gran pasión por la naturaleza y, durante varios años, dedicó casi todo su tiempo de ocio a practicar montañismo con amigos. Escalar los Alpes y ser testigo de algunas avalanchas despertó en él un interés por la geología que pronto se centró en los volcanes.

Por aquel entonces, la vulcanología era una ciencia incipiente a la que Tempest creyó poder contribuir, aunque fuera como aficionado. Para él, era un pasatiempo perfecto, ya que le permitía hacer ejercicio al aire libre. Y no lo consideraba peligroso, sino pintoresco. Así pues, a partir de cierto momento, casi todos sus viajes adquirieron el objetivo de registrar formaciones rocosas volcánicas y, en la medida de lo posible, observar y fotografiar erupciones y otros fenómenos volcánicos.

En sus viajes, siempre llevaba consigo un equipo fotográfico. Como las primeras cámaras de placa eran muy engorrosas, él comenzó a usar un tipo nuevo de dispositivo, con lentes intercambiables, focos más pequeños y placas de gelatina. Fabricaba su propio equipamiento e incluso inventó una cámara panorámica con una lente giratoria.

Prácticamente recorrió el mundo entero, desde Islandia hasta Indonesia, de Sudáfrica a Canadá. Sus aventuras han dejado fotografías impresionantes tanto de los fenómenos volcánicos que él observaba y analizaba como de la vida cotidiana de los lugareños.

En la isla de Martinica, pudo observar desde un pequeño yate una «nube ardiente»: una masa volcánica de gas y ceniza de temperatura muy elevada y más pesada que el aire que se precipitaba ladera abajo a una velocidad vertiginosa. Tempest se dio cuenta de que el comportamiento de aquella «nube» era semejante al de una avalancha. Sus registros y observaciones del fenómeno constituyen la primera descripción rigurosa del denominado «flujo piroclástico». Fue una nube de estas características la que petrificó la ciudad de Pompeya en la Antigüedad.

Por lo demás, nunca abandonó su vocación de médico ni su dedicación a los pacientes. Eso sí, cuentan que siempre tenía dos maletas listas: una para los climas fríos y otra para los cálidos. Así, si recibía repentinamente la noticia de una erupción, podía partir de inmediato a cualquier lugar del globo.

Araceli González Carballo
Un árbol de espías

1914, Santa María Magdalena de Coeses, Lugo, España.

Érase una vez...

Araceli vive su infancia dentro del recinto acotado por las murallas romanas de una ciudad del norte de España. Cuando estalla en el país la Guerra Civil, se presenta en el hospital de sangre de la localidad como enfermera voluntaria, donde realiza múltiples tareas de limpieza y de atención a los enfermos. En esta ocupación demuestra una firmeza de carácter y una disposición para el trabajo dignas de alabanza.

Con el país aún sumido en esa guerra interna, se traslada a Burgos. En medio del frío, Araceli —ya una hermosa mujer, extrovertida y dicharachera— conoce a un prometedor joven, del que se enamora.

Poco después, contraen matrimonio y se instalan en la capital. Allí, luchan contra la miseria regentando un hotel, pero pronto se dan cuenta de que la guerra desatada en Europa amenaza con ser un desastre irreversible para la humanidad. ¡El ejército aliado, contrario al nazismo alemán, debe vencer! Decidida a tomar cartas en el asunto, la intrépida Araceli entra en contacto con los británicos para ofrecer a los aliados los servicios de espía del matrimonio. Aunque su propuesta es escuchada, no se acepta: al fin y al cabo, aparte de su entusiasmo, la pareja no cuenta con experiencia ni contactos valiosos.

Entonces, Araceli maquina un plan aparentemente descabellado. Convence a su marido para que emprendan un camino más largo, pero quizá más efectivo: obtener primero la confianza del mando alemán… espiando a los británicos. Que los alemanes se fiasen de la información de la pareja sí podría acabar resultando una pieza valiosa para los británicos.

Comienza así una fabulosa farsa. Su marido, el contacto directo con los alemanes, necesitaba una red de colaboradores. La pareja se los inventa. Sus nombres, en muchos casos, los toman del árbol genealógico de la propia Araceli. Además, el matrimonio —afincado ahora en Lisboa— finge vivir en Londres, ya que es allí donde consiguen la supuesta información secreta.

El contraespionaje británico es el primer sorprendido por su actividad: de los mensajes que interceptan a los alemanes parece deducirse la existencia de un agente alemán infiltrado, aunque sus informes resultan ora estrambóticos, ora absurdos.

Poco más tarde, ya en contacto con los británicos, Araceli y su marido se trasladan a Londres. Allí, en colaboración con la inteligencia británica, traman un plan final delirante. Como parte de los ardides, se dedican grandes esfuerzos a construir maquetas de barcos y a preparar toda una invasión de cartón piedra con la que distraer a los alemanes. Una idea muy del gusto de la pareja de espías.

Tras la guerra, el nombre de espía del marido de Araceli sale a la luz. Él teme por su vida y la de su familia. Cree que los militares alemanes que consiguieron escabullirse querrán vengarse. El matrimonio se separa. Araceli se instala en España con sus tres hijos, forma una nueva familia y trabaja como intérprete para los invitados de las embajadas británica y estadounidense. Un día recibe la noticia de que su ya exmarido ha muerto en África.

Araceli dejará huella en prácticamente todas las personas que la conocen. Su nieta llegó a afirmar que sus novios siempre acababan enamorados de su abuela. Vivió alejada de la sombra del espía hasta dos años antes de su muerte, cuando recibió la noticia de que su compañero de andanzas seguía vivo en Venezuela. Sin embargo, enigmática o discreta, ella negó su participación en las hazañas atribuidas al matrimonio.

Joan Pujol i García
Tras las huellas de Garbo

1912, Barcelona, España.

Érase una vez...

Parecía que a Joan Pujol, un joven de ideas pacifistas, le esperaba un futuro sin sobresaltos. Sin embargo, la Guerra Civil española dinamitó esta perspectiva y abrió el polvorín de fantasía y mascarada que dormía en su interior.

1936-1939. Joan emplea documentos de identidad falsos para eludir participar en esa guerra… hasta que la demencia del país lo obliga a tomar partido. Ingresa a las filas republicanas, pero el extremismo de algunas de sus facciones lo hace recular, y se arriesga a cambiar al bando nacional, del que también saldrá profundamente decepcionado.

1940. Pujol contrae matrimonio. Las noticias que escuchan por la radio sobre el conflicto europeo inquietan a los recién casados. Su gran deseo es hacer algo «por el bien de la humanidad». Su esposa lo anima activamente a ser parte de la solución, ayudando a los aliados contra el nazismo. Al poco, ella visita la embajada británica para ofrecer los servicios de Joan como espía. Son rechazados. No desisten y urden un plan tan fantástico como peligroso. Se ofrecen en la embajada alemana, como una vía retorcida pero quizá más eficaz de llegar al bando aliado. Allí, Pujol se presenta como un ferviente fascista. Funciona.

Julio de 1941. Una vez instruido en los sistemas de escritura con tinta invisible, Pujol se convierte en el espía Alaric Arabel (apodo en el que resuenan fonemas del nombre de su esposa). Su superior alemán espera cartas suyas que lo informen de los secretos de Inglaterra, donde Pujol debe ahora residir. Pero este se instala en Lisboa y justifica el matasellos portugués inventando la existencia de un auxiliar de vuelo que traslada el correo de Inglaterra a Lisboa, con el objetivo de alterar la procedencia de la correspondencia y así evitar los controles aliados.

Joan Pujol y su red de colaboradores —que habitaban en la mente de su esposa— empiezan a recabar información de interés, con la ayuda de un

mapa de Gran Bretaña, una guía turística, un libro sobre la Marina inglesa, un diccionario de términos militares y algunas direcciones británicas tomadas de revistas.

Abril de 1942. Pujol se traslada a Londres y comienza a colaborar con la inteligencia británica bajo el nombre en clave de Garbo. Para los alemanes, sigue siendo un nazi fanático y bien informado. El equilibrio no es fácil. ¿Cómo mantener la confianza y el interés de los alemanes sin proporcionarles de vez en cuando algún retal de información válido? Enviando información real con retraso y falseando el matasellos, por ejemplo.

Mayo de 1943-junio de 1944. Los aliados preparan el desembarco de Normandía. Garbo informa a los alemanes de que la actividad y el despliegue en torno a esta zona de la costa francesa no son sino una maniobra de distracción, y que el verdadero ataque tendrá lugar más al norte, en el estrecho de Calais. Es el inicio de la derrota nazi.

Tras la guerra, aunque condecorado por ambas partes, Pujol temía que él y su familia sufriesen represalias de los supervivientes alemanes, por lo que tuvo que inventarse la muerte de Garbo y desaparecer. Su «fantasma» vivió en Venezuela cuarenta y cuatro años más.

Lillian y Frank Gilbreth
El hogar de la ciencia

Boston, estado de Massachusetts, Estados Unidos.

Érase una vez...

1903. Lillian es una joven californiana de veinticinco años que ha pasado toda su infancia y parte de su juventud compaginando su formación con el cuidado de sus hermanos y de su hogar. Tras terminar la carrera de Psicología (aunque nunca dejará los estudios), emprende un viaje de placer a Europa, desde Boston. En esta ciudad conoce a Frank, quien pronto será su esposo, su socio y el padre de sus doce hijos.

… Frank tiene treinta y cinco años. Es un hombre sin estudios universitarios que comenzó a trabajar como aprendiz de albañil. Sin embargo, es inquieto, decidido y está lleno de ideas. Ha estudiado dibujo en la escuela nocturna, ha patentado algunos inventos y, en su búsqueda de la eficiencia, ha conseguido reducir el número de movimientos necesarios para asentar un ladrillo de dieciocho a cuatro. Vive y trabaja en Boston, donde conoce a su futura esposa, Lillian.

Animado por esta, Frank pone en marcha su propia empresa, dedicada a la organización científica y a la gestión industrial y laboral. Juntos, se dedican al estudio del tiempo y el movimiento para mejorar la eficiencia. Analizan las tareas para averiguar de qué pasos esenciales constan (a estos pasos los denominan «therbligs», anagrama de su apellido). Estudian el impacto de la fatiga en el rendimiento laboral. Desarrollan métodos para rehabilitar a las personas con discapacidades e incluso mejoran las posturas de los cirujanos en los quirófanos.

Los doce niños van y vienen por la casa y la oficina. El hogar también se convierte en un laboratorio. Frank filma a sus hijos lavando los platos para encontrar la manera más eficaz de acometer la tarea. Luego, plasma el proceso en unos gráficos que se cuelgan en el cuarto de baño para que todos puedan verlos. Los niños deben cumplimentar cuadros indicando si se han cepillado los dientes, si han hecho la cama o los deberes escolares.

Semanalmente, la familia se reúne en consejo para asignar las tareas domésticas y elaborar un presupuesto. Se organizan en comités para hacer las compras, controlar el consumo de electricidad o de agua, comprar los regalos para ocasiones especiales… Para obtener dinero extra, los hijos pueden proponer realizar trabajos adicionales, como desbrozar el jardín.

Juntos, los esposos Gilbreth publicaron numerosos libros y artículos, e impartieron múltiples cursos sobre gestión industrial. Pero Frank falleció súbitamente de un ataque al corazón y Lillian tuvo que continuar sola. Aunque perdió algunos clientes, que no querían tratar directamente con una mujer, pronto se abrió camino. Impartió los talleres en casa para optimizar su tiempo.

Lillian Gilbreth opinaba que la felicidad —en el trabajo y en el hogar— era esencial. Para conseguir «minutos de felicidad» había que restar el tiempo de tareas engorrosas o de pasos inútiles. Por eso, analizó las cocinas de la época e incorporó a ellas ingenios tales como el cubo de basura con pedal, la batidora eléctrica o el sistema de baldas en la puerta del frigorífico. Pequeños detalles que nos hacen a todos la vida más sencilla.

Tom Seidmann-Freud
El viaje del pez

1892, Viena, Austria.

Érase una vez...

Martha Gertrud Freud nació por primera vez en Viena, en una familia judía, muy marcada por la fama y la figura de su tío Sigmund, hombre serio de alargada barba, estudioso del mundo de los sueños y del subconsciente. Martha era una niña muy sensible, con una temprana vocación por el arte y la literatura. Ya en Berlín, con quince años, decide nacer por segunda vez, se hace llamar Tom y, al parecer, viste ocasionalmente con ropa masculina.

Poco después, acompaña a su padre a Londres, donde estudia artes aplicadas. Escribe e ilustra el primero de los libros que dedicará a su querido hermano Theodor, de entonces doce años: *La pequeña nube*. De regreso en Berlín, comienza a trabajar en el Museo de Artes Decorativas.

Una bota que navega sobre una nube. Criaturas aladas comiendo fruta fresca. Chiquillas a las que un globo alza del suelo. Ángeles en el regazo de Dios. Niños ocultos bajo enormes setas. Una carroza tirada por cuatro hermosos caballos blancos. Personajes y objetos sencillos, delineados a tinta con gran precisión y rellenados cuidadosamente con acuarelas de suaves colores, dan vida al *Libro de canciones infantiles*.

Tras la Primera Guerra Mundial, se instala en Múnich con su hermana Lily. Rápidamente, se integra en el círculo de artistas e intelectuales de la ciudad. Con su hermana, organiza veladas para los más pequeños, con canciones, historias, juegos y pases de diapositivas de las ilustraciones de Tom. Trabaja durante horas encerrada en su habitación. Conoce al escritor y periodista Jakob Seidmann, de quien se enamora. Su única hija nacerá un año después de su boda.

Jakob y Tom fundan la editorial Peregrin, con la que dan vida a un mundo fantástico de libros. Las líneas se vuelven más rectas y ligeras; los trazados, más geométricos; los colores, aún más delicados, casi transparentes; las figuras, algo más enigmáticas. Publican *El viaje del pez*, un libro nacido de

una dolorosa experiencia personal: la muerte por ahogamiento en un lago del pequeño Theodor. Peregrin, el protagonista del libro, sueña que viaja a lomos de un pez por debajo del mar. En su periplo, llega a una tierra utópica, donde los niños no pasan hambre ni penurias.

Le siguen libros increíbles, diseñados para que se puedan «girar, mover y transformar»: *La casa de las maravillas* y *El barco mágico*, llenos de diversos mecanismos, ruedas y sorpresas. También publican cuentos ilustrados y libros didácticos Las imágenes no dejan de desprender un halo surrealista y misterioso, hipnótico.

Cuando la economía alemana se colapsa, sus diversos proyectos entran en bancarrota. Finalmente, Jakob, agobiado por las deudas, se quita la vida. Tom, un alma delicada y sensible, nunca se recupera de este golpe; poco a poco, deja de comer, buscando, quizá, una manera de desprenderse del mundo. Fallece pocos meses después de inanición.

Tras ser prohibida y caer en el olvido durante el régimen nazi, la obra de Tom reapareció cincuenta años después cuando su hija abrió una caja sellada en la que se guardaba todo su trabajo: bocetos, pinturas, pruebas de color, notas… El pez empezaba de nuevo su viaje.

Charles Mallory Hatfield
Llamando a la lluvia

1875, Fort Scott, estado de Kansas, Estados Unidos.

Érase una vez...

Charles se crio en California, cerca de San Diego, donde sus padres tenían un rancho. Interesado por la meteorología, el joven abandonó la escuela con unos catorce años y se sumergió en lecturas relacionadas con el tema. Entre los libros que cayeron en sus manos figura *La ciencia de la pluvicultura*, de Edward Powers, una especie de guía pseudocientífica para la producción artificial de precipitaciones.

El vapor turbulento que salía de una tetera hizo que Charles pensase en enviar vapores a los cielos. Comenzó sus experimentos en el molino de viento del rancho y, cuando cayó una gran tormenta, se convenció de que era capaz de lograr que lloviera. Poco a poco refinó una fórmula propia, a base de veintitrés sustancias químicas (incluidos hidrógeno y polvo de cinc, mezclados con agua y ácido). Construía torres de unos siete metros de altura a base de barras y, sobre estas, sujetaba unas bandejas en las que vertía sus pócimas. Al prenderles fuego, se levantaban grandes nubes de humo que Charles no dejaba de impulsar hasta que se evaporaban.

Al ver a este hombre delgado, de rasgos afilados, de ojos de un azul casi transparente y piel pálida como la de un difunto, subido a uno de sus andamios, enfundado en un entallado traje y tocado con un sombrero de fieltro, uno pensaría más en la magia que en la ciencia. De hecho, algunos periódicos llegaron a apodarlo «el brujo de las nubes». Pero él no era un charlatán; al contrario, era un hombre discreto, humilde y educado, que siempre defendió que su método se basaba en la ciencia. «Yo no hago lluvia —decía—. Sencillamente, atraigo nubes. Ellas hacen el resto.»

Sus primeros clientes fueron unos ganaderos de Los Ángeles. Les siguieron unos mineros del noroeste de California. Charles fue alternando éxitos y fracasos, por toda la costa oeste, Alaska y Canadá, hasta que en diciembre de 1915 fue contratado por el Ayuntamiento de San Diego, que sufría una sequía devastadora desde el mes de mayo y precisaba de un mejor abastecimiento de agua.

Las primeras lluvias cayeron el 5 de enero. El viernes 14 la lluvia era constante, el domingo 16 las precipitaciones se volvieron torrenciales. En la mañana del día 17, el río San Diego se desbordó y se rompieron hasta ciento diez puentes. El resultado de semejante riada fue la caída del tendido eléctrico, el ahogamiento de miles de cabezas de ganado y una rotura de las canalizaciones de agua que, paradójicamente, desabasteció la ciudad. Tras varios pleitos, un juicio estableció que aquella lluvia no había sido obra de Hatfield, sino un acto divino. A consecuencia de este dictamen, Charles no pudo cobrar la cantidad acordada en el contrato, pero tampoco tuvo que hacer frente al pago por los daños y perjuicios que las riadas ocasionaron a la ciudad.

Tras este suceso, Hatfield continuó ofreciendo sus servicios en otros países, como Italia y Honduras. Tiempo después de su muerte, los científicos finalmente aprendieron a exprimir las nubes rociándolas con cristales de yoduro de plata. En 2015, ante otra sequía pertinaz, los granjeros californianos empezaron a temer por sus cosechas y consideraron la oferta de cierta compañía, dispuesta a construir torres eléctricas que inducirían la caída del agua ionizando la atmósfera. Un siglo antes, habían contratado a un «hacedor de lluvia».

Pinito del Oro
El pájaro de las carpas

1931, Las Palmas de Gran Canaria, islas Canarias, España.

Érase una vez...

Los padres de Cristina Segura tuvieron diecinueve hijos, aunque solo siete sobrevivieron a la infancia. Ella era la menor. Quizá para protegerla, le añadieron a su nombre la advocación de la virgen del Pino, cuya imagen fue encontrada de manera imprevista en la copa de un pino que medía cuarenta metros. En aquel entonces no sabían que la propia niña acabaría reinando en las alturas.

El padre de Cristina dirigía una compañía circense familiar, pero su madre no quería que la pequeña formara parte del circo. Cuando tenía unos nueve años, su padre la subió al trapecio. Inmediatamente, ella se desmayó. «Métela a modista», le dijo José Segura a su esposa. Sin embargo, poco después probó a subirla al alambre. Cristina recuerda que estaba muerta de vergüenza, y ninguno quedó satisfecho con el experimento.

Cuando el circo paraba, su madre la llevaba a la escuela del pueblo, una habitación en casa de una señora ya mayor, a cambio de algunas entradas. Para practicar, Cristina le leía a su madre y enseguida empezó a amar la lectura. También escribía breves cuentos, poesías, cartas de amor… Ya de adulta, llegó a publicar varias novelas.

Durante una gira, en uno de los múltiples desplazamientos del circo de una ciudad a otra, su hermana Esther, la trapecista, perdió la vida en un accidente de tráfico. Esa noche Cristina, con doce años, debutó en el trapecio. Esa noche nació Pinito del Oro, un nombre artístico que lleva prendida la finísima arena de las dunas canarias.

Con dieciocho años, le ofrecieron enrolarse en el circo de los hermanos Ringling, de fama mundial. Como en aquel entonces todavía era menor de edad, hubo de casarse para poder viajar. Le enseñó a su marido el oficio de sostener el trapecio y, durante algunos años, fueron buenos compañeros en las pistas. Al llegar a Estados Unidos encontró grandes novedades: vio por primera vez una lavadora, una caja de pañuelos desechables… y, justo

antes de su primera función, con dieciséis mil personas en las gradas, un trapecio que pendía a una altura nueve o diez metros superior de aquella a la que Pinito solía trabajar.

Durante siete temporadas, los espectadores del circo Ringling pudieron ver el increíble espectáculo del que Pinito era la protagonista y disfrutar de su triple salto mortal…, probablemente conteniendo la respiración: a Pinito le gustaba trabajar sin red.

El circo huele a poesía, a gloria, a serrín mojado, a aparatos vacíos, dice Pinito. También a riesgo y peligro: ella sufrió tres caídas casi mortales; las manos se las rompió tres veces. A sudor, esfuerzo y dedicación: Pinito tuvo que operarse los pies para que le irguieran los dedos, encorvados de tanto aferrarse a la barra del trapecio. A voluntad y vocación: por el circo, Pinito dejó atrás sus enfermedades, su falta de preparación, su familia.

A pesar de las caídas, Pinito continuó volando en las carpas de regreso a Europa durante varios años. Cuando se retiró, al principio, soñaba todas las noches con el circo. Que también huele a nostalgia.

Jesse Owens
Cuatro medallas inútiles

1913, Oakville, estado de Alabama, Estados Unidos.

Érase una vez...

Corredor de constitución débil y enfermiza. Hijo de labradores aparceros. Corredor olvidado durante un tiempo. Niño emigrante, nieto de esclavos, en busca de mejores oportunidades. Corredor incansable. La familia de Jesse Owens abandonó su lugar de origen huyendo de la segregación que la población afroamericana sufría en los estados sureños del país. Corredor inolvidable.

En el norte, no faltaban las ocupaciones: como repartidor, en un invernadero o en un taller de calzado. Con estos trabajos, Jesse ayudaba a sostener a la familia. En la escuela, un viejo entrenador se fijó en sus piernas, elásticas como las de un felino, y le sugirió que formase parte del equipo de atletismo. Acordaron que Jesse se entrenaría por la mañana, antes del horario escolar, ya que después tenía que trabajar.

En la universidad, Jesse cosechó un éxito deportivo tras otro. Comenzaron las contradicciones. Pese al reconocimiento en la pista, debido al color de su piel, debía alojarse fuera del recinto del campus. Igualmente, debía ir a hoteles y restaurantes exclusivos para afroamericanos, o bien servirse en la zona de comida para llevar. Se dice que jamás recibió una beca que le permitiera conjugar el estudio con la práctica deportiva.

1936. Juegos Olímpicos de Berlín. «¿Dónde está Jesse? ¿Dónde está Jesse?» Los gritos de las alemanas atruenan las calles. El atleta no puede sentirse más halagado. Millares de manos se tienden hacia él provistas con tijeras. El plusmarquista no puede estar más sorprendido. Quieren cortarle un pedazo del traje para quedárselo como recuerdo. En Europa, puede entrar libremente en cafés, restaurantes y hoteles. El joven, que nunca había experimentado tal libertad y tantas muestras de aprecio, no puede sentirse más extrañado.

Tras los Juegos Olímpicos, Jesse, pensando que podría sacarle algún provecho a su éxito y su fama, se negó a ir de gira con el equipo olímpico.

Pretendía regresar a Estados Unidos en busca de algún patrocinio jugoso. Las autoridades del país se pusieron furiosas y le retiraron el estatus de *amateur*, necesario para competir oficialmente. De este modo acabó su carrera deportiva.

Las contradicciones continuaban. Se cuenta que acudió a una recepción que se hizo en su honor en un famoso hotel, pero que, junto con su madre, hubo de acceder a la sala del festejo utilizando el montacargas. Por otra parte, durante una lluvia de confeti en su honor, cayó en sus manos una bolsa de papel que alguien del público le había arrojado. Cuando la abrió encontró dentro diez mil dólares.

Se ganaba la vida trabajando en una gasolinera, como conserje o en una lavandería. Corría para dar espectáculo, a cambio de dinero: contra deportistas de otras especialidades, coches, motocicletas, perros y caballos. Al fin y al cabo, aunque tenía cuatro medallas olímpicas de oro, como él mismo decía, no podía comérselas.

Finalmente, recibió apoyo del gobierno, que lo hizo embajador de buena voluntad. Trece días después de su muerte, en 1980, un asteroide recién descubierto fue bautizado con el nombre de 6758 Jesseowens, en honor del corredor.

Elizabeth Bisland

Una vuelta al mundo inesperada

1861, Parroquia de Saint Mary, estado de Luisiana, Estados Unidos.

Érase una vez...

Elizabeth nació en una plantación de Luisiana, en el sur de Estados Unidos. En los deslucidos volúmenes de la biblioteca de su hogar —que quedó en ruinas tras la gran guerra que partió el país en dos—, descubrió la pasión de su vida: la literatura. Se dice que incluso aprendió francés mientras hacía mantequilla para poder leer ciertas obras en su idioma original.

Cuando por fin dejó Luisiana, lo hizo con tan solo cincuenta dólares en el bolsillo y con cierta experiencia como periodista. Se instaló entonces en Nueva York, donde colaboró con diversos periódicos y revistas e incluso fue la editora literaria de una de estas. Al parecer, era una destacada belleza: alta, de modales elegantes, ojos oscuros en contraste con la tez clara, y una voz dulce y suave con la que hipnotizaba a cualquiera. Hubo quien dijo que conversar con ella era como jugar con un hermoso y peligroso leopardo, al cual agradeces que no te muerda.

Un día, el dueño de la revista en la que trabajaba le pidió que emprendiese —¡esa misma tarde!— un viaje alrededor del mundo. Otro periódico de la época acababa de mandar a una de sus reporteras con tal misión, para intentar batir el récord del ficticio periplo narrado por Julio Verne en la novela *La vuelta al mundo en ochenta días*. El jefe de Elizabeth creía que convertir aquel viaje en una carrera podía ser un buen modo de conseguir publicidad y notoriedad.

Elizabeth rehusó, diciendo que tenía invitados al día siguiente. En realidad, lo que la llevaba a negarse era su rechazo palmario a la fama que tal gesta podría depararle. Pero finalmente cedió y, seis horas después, ya se hallaba a bordo de un tren, en dirección al oeste. Había conseguido meter lo que creyó necesario en un baúl, una maleta de cuero duro y un portamantas. Apenas si llevaba dos vestidos, media docena de corpiños, un camisón de seda, y gran cantidad de broches y horquillas.

En su época, mucha gente creía que dar la vuelta al mundo era imposible. Y más aún para una mujer. Y más aún en tan poco tiempo, pues la duración de los viajes era muy incierta (particularmente, debido a las condiciones meteorológicas). Ambas mujeres se desplazaron en trenes, en carruajes tirados por caballos, en barcos de vapor… Hubo mordeduras de mono, sobornos, mareos, golpes de calor y terribles tormentas. En casa, se sucedían las apuestas. Las dos lograron batir el tiempo de la novela, aunque Elizabeth necesitó cuatro días más que su rival, la reportera Nellie Bly.

Tras el viaje, que, por supuesto, consignó por escrito con su tono lírico característico, Elizabeth consiguió esquivar la fama y seguir concentrada en la literatura. En muchos de sus escritos denunció la dominación a que los hombres sometían a las mujeres. Durante el resto de su vida se condujo como se había propuesto al final de su gran periplo: de tal modo que su nombre no volviera a aparecer jamás en un titular.

Mocha Dick
Nube del Pacífico

Comienzos del siglo XIX, costas de la isla Mocha, océano Pacífico.

Érase una vez...

38º 22' 15" latitud sur. Con una extensión de cuarenta y ocho kilómetros cuadrados y situada a treinta y cuatro kilómetros al sudoeste de la costa chilena, la frondosa isla Mocha fue durante siglos tierra sagrada para los indígenas lafkenches y refugio para los corsarios. A comienzos del siglo XIX era, además, el hogar de un insólito cachalote al que los balleneros bautizaron con el nombre de Mocha Dick, en referencia a esta isla, por cuyas costas merodeaba.

Mocha Dick fue un cetáceo singular. A decir de algún explorador, era «de prodigioso tamaño» y «blanco como la lana»: se trataba de un cachalote albino. Se dice, también, que tenía la cabeza totalmente cubierta de percebes, los cuales le conferían un aspecto estrafalario y un tacto rugoso. A los barcos balleneros no les resultaba fácil diferenciarlo, en la lejanía, de una enorme nube blanca.

Se cuenta que tenía un modo extraño de expulsar el agua a través de su espiráculo en forma de ese. El agua salía en gran cantidad, proyectando un chorro alto perpendicular al mamífero y lo hacía en intervalos regulares. El ruido que generaba se asemejaba al de una válvula de una potente máquina de vapor. Una enorme nube rugiente se acercaba por el horizonte... Mocha Dick pronto se convirtió en un personaje legendario del océano Pacífico.

El primer encuentro de Mocha con los balleneros debió de suceder en torno a 1809. El cetáceo sobrevivió a esta primera refriega y, desde entonces, muchos eran los capitanes que intentaban darle caza, tras haber bordeado el cabo de Hornos. Hasta el punto de que, cuando se encontraban tripulaciones de diferentes barcos, las conversaciones solían terminar con un «¿Hay noticias de Mocha Dick?».

Pero Mocha era impredecible. En ocasiones, mostraba un talante amigable e incluso dócil y nadaba largo rato al lado de los barcos. En cambio,

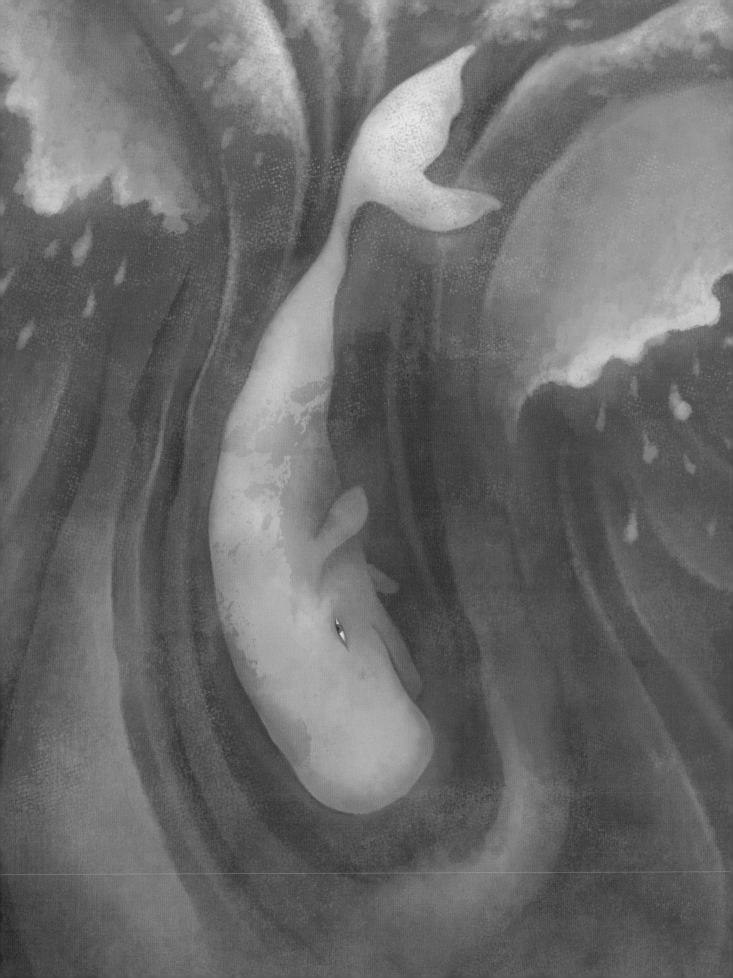

cuando atacaba, mostraba una fiereza y una astucia insólitas. Era capaz de sacar el cuerpo entero fuera del agua y con un solo meneo de su aleta caudal podía hacer naufragar embarcaciones de poca eslora.

En agosto de 1819, el ballenero *Essex* zarpó del puerto de Nantucket, en Estados Unidos, y puso rumbo al Pacífico Sur. Quince meses después, mientras la tripulación perseguía y arponeaba a varios miembros de una manada de cetáceos, un cachalote blanco de tamaño muy superior al normal embistió en dos ocasiones al barco y lo hundió. Se encontraban a dos mil millas náuticas (tres mil setecientos kilómetros) de la costa de Sudamérica. Los veintiún marineros se repartieron en las tres lanchas auxiliares, sin apenas comida ni agua potable. Unos cuantos consiguieron sobrevivir y, tras diversos azares, fueron rescatados.

La historia del *Essex* llegó a oídos del explorador Jeremiah N. Reynolds, que en 1829 había emprendido una expedición hacia el polo sur para buscar una entrada al interior del planeta. Tras haber visitado la isla Mocha, se interesó por el legendario cachalote albino que había destrozado el navío. Finalmente, pudo relatar en un reportaje la contienda que acabó con la vida de Mocha Dick, para la que se habían unido cuatro barcos y doce botes cazadores.

Treinta y dos años después, se publicaba *Moby Dick*.

Yma Sumac

La voz imposible

1922, Ichocán, San Marcos, departamento de Cajamarca, Perú.

Érase una vez...

Por las altas montañas de Ichocán corre la pequeña Zoila Augusta Emperatriz Chávarri del Castillo, con su nombre magnífico y vital. Canta antiguas canciones del folclore peruano. Las rocas, que su imaginación convierte en las siluetas del público entregado, la escuchan en silencio. Los pájaros del lugar la acompañan. Zoila empieza a imitarlos e incorpora sus trinos a su forma de cantar. Tiene nueve años, pero aún no es consciente de lo portentoso de su canto. Su voz es un pájaro y reproduce la triple coloratura de las aves; su voz es una flauta y se funde con la orquesta en un aria operística; su voz es un animal selvático y gruñe melodías.

Muy jovencita, Zoila participa en el Inti Raymi, en su pueblo natal. Es una fiesta anual, en honor del dios Sol, que celebra —durante el solsticio de invierno— el inicio del año y un nuevo ciclo vital. Entre los cánticos, las danzas y la música tradicionales, la voz de la joven resuena poderosa ante veinticinco mil personas. Un funcionario del Ministerio de Educación repara en ella y pronto Zoila es enviada a Lima para ingresar en uno de los mejores colegios de la capital.

Enseguida, Moisés Vivanco, fundador de la Compañía Peruana del Arte, un conjunto de cuarenta y seis bailarines, cantantes y músicos, la invita a formar parte de su elenco. Poco después, comienza su carrera internacional. Cambia su nombre por el de Imma Sumack, que en quechua significa «qué linda» o «linda flor». Argentina, Chile, Brasil, México acogen sus primeras actuaciones, su voz ya es un prodigio capaz de recorrer casi cinco escalas (cuando las divas suelen cantar en un rango de dos escalas y media aproximadamente).

La Compañía Peruana del Arte se disuelve y Moisés, Imma y Cholita Rivero (una prima de Imma) conforman un nuevo conjunto: el trío Inca Taky. Parten para Estados Unidos, deseosos de presentar en ese país su espectáculo. Los inicios allí son duros. En Nueva York —la ciudad que nunca duerme—, las muchedumbres, los imponentes edificios y la marea

continua de luz y ruido dejan a Zoila petrificada y asustada. Durante varios años apenas conocen el éxito e incluso llegan a abrir un comercio de atún para salir adelante. Sin embargo, tras una actuación en un pequeño club nocturno de la ciudad, un agente de una casa discográfica los invita a grabar un disco. El nombre artístico de Zoila se simplifica en Yma Sumac, como ya siempre será conocida.

Nace un mito, la princesa inca que encandila con su exótica belleza, sus pendientes de filigrana, sus suntuosos vestidos —diseñados por la propia Yma y una de sus hermanas— y, por supuesto, su voz imposible. Participa en algunas películas y pasará mucho tiempo viajando por toda Norteamérica.

Cuando, tras una gira mundial de varios años, Yma regresa a Estados Unidos, su voz ha caído en el olvido. Ella aprovecha la ocasión para trasladarse de nuevo a Perú y vivir cerca de su familia durante algunos años. Aun así, las grabaciones de su increíble voz son rescatadas de vez en cuando y en los años setenta incluso tiene la oportunidad de grabar un disco de rock psicodélico.

Más adelante, regresa a Estados Unidos y también a los escenarios; luego, hace una nueva gira por Europa. Tiene ya setenta años, y el público se pregunta antes del espectáculo si la voz de la diva habrá resistido el paso del tiempo. Y sí. En una localidad francesa, por ejemplo, envuelta en un velo verde, rodeada de músicos excelentes, canta en español, en quechua, en inglés, habla por los codos y, finalmente, tras una hora y media de concierto, reconoce que está cansada y, agradecida, se retira. No deja a nadie insatisfecho.

Su voz de pájaro se apagó definitivamente dieciséis años después de aquel concierto.

Hamilton Naki
Jardinero de corazones

1926, Ngcingwane, región de Transkei, Sudáfrica.

Érase una vez...

Según la historia de papel, Hamilton desempeñó, durante toda su vida (a juzgar por la pensión que aún recibía cuando falleció), el oficio de jardinero. La historia que late y vibra, en cambio, narra cómo su esfuerzo y su destreza lo llevaron, entre otras cosas, a participar en el primer trasplante de corazón entre perros.

Nacido en una pequeña aldea y en una familia con muy pocos recursos, el pequeño Hamilton pudo estudiar hasta los catorce años. Cuatro años después, en vista de que los burros y las vacas de su familia morían de enfermedad, se trasladó a la gran ciudad en busca de trabajo. Pronto encontró ocupación como jardinero en la Universidad de Ciudad del Cabo, en donde, principalmente, se dedicaba al mantenimiento y cuidado de la hierba de las pistas de tenis.

Unos diez años después, comenzó a trabajar en esa misma universidad como asistente de laboratorio. Hamilton se ocupaba del cuidado de los animales. Poco a poco, las tareas que se le encomendaban se tornaban más complejas: de limpiar jaulas y alimentar a los animales pasó a anestesiarlos, practicarles suturas y proporcionarles cuidados posquirúrgicos. En cierta ocasión, incluso llegó a hacer de asistente durante una intervención practicada a una jirafa.

Sutilmente, Hamilton se convirtió en técnico de laboratorio. Aunque su educación formal era escasísima, tenía una gran capacidad para aprender complejos nombres anatómicos, así como para reconocer anomalías congénitas en los tejidos. Muy observador y poseedor de una gran pericia manual, pronto dominó algunas técnicas quirúrgicas, muchas de ellas relacionadas con el trasplante de órganos entre animales.

Hamilton continuó trabajando en el laboratorio de la universidad para diferentes doctores. Anestesiaba, esterilizaba el instrumental quirúrgico, se ocupaba de la preparación de las intervenciones... Todo ello lo hacía

con tal maña y rapidez que parecía haber nacido con un don para el quirófano.

En este mismo laboratorio, se convirtió en la mano derecha del doctor
que, más adelante, practicó el primer trasplante de corazón entre seres
humanos. Este reconocía sus méritos y llegó a afirmar que, en cuanto a la
técnica, Hamilton era muy superior a él, pues era capaz de acometer, por
ejemplo, los distintos aspectos de un trasplante de hígado, algo que ni él
mismo podía hacer.

De hecho, se ha llegado a afirmar que sus manos de jardinero fueron las
que ayudaron a extraer delicadamente de un cuerpo humano inerte un
corazón —como si de un esqueje se tratara—, que luego latió trasplantado
en otro cuerpo, en una operación pionera: el primer trasplante cardíaco
entre humanos. Sin embargo, tal suceso es poco probable, o se produjo en
secreto. Naki era de raza negra y por mucha pericia y capacidad técnica
que hubiera demostrado, en su país, en aquel entonces, la ley no permitía que los negros operaran a los blancos.

Siempre pulcro, siempre puntual, siempre el primero en llegar al laboratorio, Hamilton Naki fue un trabajador ejemplar; con su diligencia y su pericia superó las barreras que, en un ámbito como el quirúrgico, la carencia
de estudios hace parecer insalvables.

Edward Lear
Poesía del disparate

1812, Holloway, Londres, Inglaterra, Reino Unido.

Érase una vez...

El vigesimoprimer hermano de veintidós (según sus cálculos). El de la salud quebradiza. El apasionado por los colores. El que sufrió su primer ataque de epilepsia con cinco años en una feria. El que estudiaba minuciosamente los libros de historia natural. El que se avergonzaba de su enfermedad. El que pintaba parejas de pájaros con tintura oriental. El de la bronquitis y el asma, que lo acompañaron toda la vida. El que ganaba sus primeros peniques con sus ilustraciones aladas. El que se crio con una hermana unos veinte años mayor que él y siempre echó de menos el afecto de su madre.

El joven de las rodillas torcidas. El dibujante zoológico. El de la nariz y el cuello interminables. El que alternaba la ilustración de animales con el trabajo en hospitales, donde retrataba deformidades y detalles anatómicos. El que tropezaba constantemente debido a su ceguera parcial. El que alcanzó la fama a los diecinueve años con un libro ilustrado de aves exóticas. El que pasó los siguientes cinco años viviendo en la finca del conde de Derby para dibujar a todos los animales del zoológico privado del noble.

El magnífico conversador. El que escribía poemas disparatados para entretener a los hijos de su mecenas y los acompañaba de dibujos igualmente estrambóticos. El de las magníficas improvisaciones de piano que le valían la estima de todos. El hombre juguetón, ingenioso y alegre. El que, amparado por el conde de Derby, se trasladó a Roma cuando el invierno inglés empezó a amenazar su salud. El que dibujaba en sus cuadernos mientras caminaba. El pintor de paisajes, el artista topográfico. El viajero incansable, de Calabria al Sinaí, de Nubia a Montenegro. El solitario propenso a los ataques de melancolía que perseguía orugas por su jardín. El ávido lector de guías turísticas. El devoto de sus amigos.

El pintor de paisajes que no consiguió reconocimiento, pero que era capaz de captar la solemnidad y la majestuosidad de gargantas, montañas y rocas. El maestro del detalle. Aquel cuyos bosquejos y paisajes permitían

estudiar —según decía un afamado naturalista— todas las peculiaridades geológicas de un país. El pianista, que tocaba también el acordeón, la flauta y la guitarra.

El hombre que solía presentarse como «Chakonoton the Cozovex Dossi Fossi Sini Tomentilla Coronilla Polentilla Battledore & Shuttlecock Derry down Derry Dumps, o bien Edward Lear». El desgarbado adulto que se convertiría en un anciano de gran panza y delgadas piernas. El autor de las rimas sinsentido, de tono ligero y saltarín, de melodía alegre, y un contenido que no deja de ser una exposición de excentricidades o calamidades increíbles.

> *Había un curioso hombre en Inglaterra*
> *que no toleraba el clima de la sierra.*
> *Aunque montes y riscos amaba pintar,*
> *siempre acababa por lagrimear*
> *aquel hombre enfermizo de Inglaterra.*

Friedrich Stowasser
El derecho a la ventana

1928, Viena, Austria.

Érase una vez...

La oscuridad y el terror se apoderaron de la familia de Friedrich cuando él tenía apenas diez años. Fue una época de guerra y, sobre todo, de una crueldad extrema contra ciertos grupos en función de su raza, religión… Friedrich, a quien su madre, judía, había bautizado católico e inscrito en las juventudes hitlerianas para disimular, era el encargado de abrir la puerta por la noche a las patrullas nazis, ataviado con el traje del Partido y el brazalete correspondiente. Mientras, el resto de la familia permanecía escondida y atemorizada en el sótano.

Salidos del horror él y su madre, Friedrich se abrió al sol, al campo y a la alegría. Tras apenas tres meses de estudios en una academia de bellas artes, abandona toda convención y emprende una vida nómada y libre. Viaja en tren, en avión, en globo, en velero. Aprende inglés, francés e italiano. Chapurrea japonés, ruso y árabe. Acarrea siempre consigo una pequeña caja de pinturas y pinta incansablemente huyendo de la monotonía y las líneas rectas. Hace del mundo su hogar y de la naturaleza su casa.

Se viste con prendas que él mismo diseña y, a menudo, confecciona. Un calcetín con la gama del azul en un pie y uno con la gama del rojo en el otro. Boinas de colores. Sandalias o borceguíes de aspecto muy diferente. Abrigos confeccionados con retales de telas de texturas dispares. Ropa que no quiere ser cárcel del cuerpo. Y también se desnuda, incluso para pronunciar un discurso.

Tampoco quiere que su nombre sea una prisión para su identidad. Así que se lo cambia a su antojo. Llegó a firmar como Friedensreich Regentag Dunkelbunt Hundertwasser, algo así como Reino de la Paz Día Lluvioso Vivos Colores Oscuros Cientos de Aguas.

Diseña sellos de correos, banderas, monedas, lavabos, rótulos. Como profesor, escandaliza al claustro cuando comienza a pintar con sus alumnos una línea interminable por las paredes, puertas y ventanas del aula. Proyecta su

propia casa y la construye, con una inmensa pradera por tejado. Adquiere un velero, lo restaura, vive y viaja en él durante cinco años.

Proyecta edificios ondulantes y coloridos, llenos de alegría, imprevistos y vegetación. Suelos alabeados que son, en sus palabras, «melodías para los pies». Árboles grandes que se asoman por las ventanas, como un inquilino más. Fachadas policromadas, con variedad de motivos. Ventanas de múltiples formas como un derecho a la fantasía. Construye casas y, al darles alma, parece que están vivas.

Viviendas ecológicas, iglesias, escuelas. Una central térmica, una estación de tren, una planta de incineración. Bodegas, lavabos públicos, pabellones. Un área de descanso para la autopista, un ala de oncología para un hospital, un gran balneario en armonía con la naturaleza. Hundertwasser planta sus cúpulas con forma de cebolla, sus techos cubiertos de césped y sus espirales por todo el mundo.

Durante una larga travesía en barco, su alma abandona su cuerpo en medio del océano. Descansa desnudo abrazado por la tierra bajo un árbol de tulipán.

Elizabeth Philpot
Una vitrina al pasado

1780, Londres, Inglaterra, Reino Unido.

Érase una vez...

Elizabeth Philpot nació en una época complicada para las mujeres, que desde jóvenes eran incitadas a buscar un esposo que les proporcionase sustento y hogar. Elizabeth vivió en Londres, bajo el techo paterno, hasta que sus progenitores fallecieron y su hermano heredó el hogar familiar. Entonces, se vio obligada a trasladarse, junto a otras dos hermanas solteras, a la localidad costera de Lyme Regis, donde su hermano había adquirido para ellas una casita de campo.

Allí se instalaron en 1805. Y allí intentaron infructuosamente buscar esposo, tarea nada sencilla, dado que carecían de dote y de la posibilidad de frecuentar los salones más convenientes al efecto. También allí, Elizabeth descubrió una pasión con la que olvidar sus cuitas: recorrer playas y acantilados en busca de fósiles. Una dedicación no exenta de riesgos, dado que los acantilados eran inestables y se producían a menudo corrimientos de tierras.

Una chiquilla de unos doce años llamada Mary también recorría las playas, con la marea baja, tras las lluvias y temporales, enfrascada en la misma pasión. Pronto, Elizabeth y Mary se hicieron grandes amigas, y a menudo se las podía ver juntas buscando fósiles. Elizabeth se convirtió en una suerte de mentora para Mary: la alentaba a que leyera artículos y tratados sobre geología y a que comprendiera el trasfondo científico que había en aquellos restos arqueológicos.

En aquel entonces, recolectar y coleccionar fósiles era un pasatiempo muy extendido, que poco a poco iba desvelando sus implicaciones científicas. Para Elizabeth era un entretenimiento. Para Mary, una forma de ganarse la vida, ya que podía vender sus hallazgos tanto a turistas como a científicos interesados en el tema. Las tres hermanas Philpot reunieron una colección que llegó a tener cuatrocientas piezas. La propia Elizabeth se había encargado de etiquetar meticulosamente los ejemplares. A menudo, incluía detalladas reflexiones sobre cómo podrían haber sido aquellas criaturas.

Tanto la colección de las hermanas Philpot como la de su amiga Mary Anning eran visitadas frecuentemente por reputados geólogos, coleccionistas de fósiles y científicos. Elizabeth se especializó en la búsqueda y catalogación de peces fósiles. Mary halló esqueletos completos de ictiosaurios y se dio cuenta de que ciertos grandes fósiles, que tenían trozos de huesos, escamas y otros restos orgánicos, eran en realidad heces de dinosaurio. Cuando Mary descubrió lo que parecía una cámara de tinta dentro de un fósil belemnítico —una especie extinta de molusco cefalópodo—, se la mostró a Elizabeth. Esta regeneró la tinta mezclándola con agua y luego la utilizó para ilustrar algunos de sus fósiles.

Un naturalista suizo que las visitó y quedó maravillado con su sapiencia y atenciones nombró un pez fósil en honor de Elizabeth y dos en honor de Mary. Fue una de las pocas ocasiones en que se reconoció la valía de los hallazgos y aportaciones de estas dos mujeres a la naciente ciencia de la paleontología.

Fig. 12

Fig. 13

Fig. 14

Edith Margaret Garrud
Armaduras de algodón

1872, Bath, condado de Somerset, Inglaterra, Reino Unido.

Érase una vez...

La infancia de Edith transcurrió entre las sombras, la lluvia y la fresca naturaleza de los valles galeses, a donde su familia se había mudado desde Bath. Quizá la libertad y el contacto con la naturaleza hicieron que se interesara por el deporte y el ejercicio físico. Al parecer, cuando regresó a su ciudad natal, con dieciséis años, combinó su educación con un trabajo como profesora de lo que entonces se llamaba «cultura física»: ejercicios gimnásticos y de levantamiento de pesos.

Con veinte años, comenzó a recibir clases de un profesor de educación física, amante del boxeo y de la lucha, que viajaba de ciudad en ciudad para impartir sus sesiones. Edith se convirtió en una alumna aventajada (aunque diminuta: jamás sobrepasó el metro y medio de estatura) y, al poco, en la esposa del profesor. Unos años más tarde, se trasladaron a Londres, sin duda la ciudad más grande que ambos habían visto jamás.

Una noche asistieron a una demostración sobre una nueva forma de lucha. Edward Barton-Wright, que conducía dicha demostración, anunció que lucharía contra cualquier persona del público; en un santiamén, tumbó como por arte de magia a un tipo enorme que se había ofrecido voluntario. «Se trata del *jiu-jitsu* —explicó el luchador—, que no es un deporte, sino más bien el arte de defenderse sin necesidad de utilizar gran fuerza.»

Edith y William, su marido, enseguida ingresaron en la escuela de Barton-Wright, donde aprendieron *jiu-jitsu*, savate y bastón de combate. Cuando la escuela cerró por falta de alumnos, los esposos se apuntaron al dojo que abrió uno de sus profesores. Y cuando este decidió regresar a Japón, William quedó al frente de la escuela. Decidieron ofrecer, además, clases de *jiu-jitsu* para mujeres y niños. Edith sería la encargada de su instrucción.

Los martes y los jueves por la noche, Edith daba clases a las sufragistas, mujeres que reivindicaban su derecho al voto. Cuando se publicó la llamada

ley del ratón (las sufragistas) y el gato (la policía y el gobierno) —según la cual las sufragistas en huelga de hambre podían ser liberadas para que recuperaran la salud y luego volver a ser arrestadas—, las sufragistas crearon un cuerpo de treinta mujeres para defender a sus principales líderes. Edith se convirtió en su instructora y les enseñó *jiu-jitsu* y también a hacerse armaduras de cartón y algodón.

Las sufragistas, adiestradas por Edith, desarrollaron algunas tácticas para evitar ser capturadas: el uso del *jiu-jitsu* era una de ellas. Otra consistía en tirar de los tirantes de los policías hasta que se les caían los botones y los hombres se veían con las manos ocupadas en sujetar sus pantalones. O quitarles el casco, ya que cada policía debía pagar por el suyo si lo perdía.

Los esfuerzos dieron su fruto y las mujeres adquirieron el derecho al voto en Reino Unido en 1918. Tras los años de lucha, Edith trató de llevar una vida tranquila, aunque nunca lo fue del todo. Durante la Segunda Guerra Mundial, la menuda Edith salía al jardín y agitaba su puño ante los bombarderos nazis que asolaban Londres.

Álvar Núñez Cabeza de Vaca

En la piel de un indio

¿1488 o 1490?, Jerez de la Frontera, provincia de Cádiz, España.

Érase una vez…

Álvar se educó con una tía que lo enseñó a leer y a escribir y a dominar una sencilla aritmética, una educación poco frecuente en su época. Tras hacer carrera como militar, se embarcó rumbo a América. En aquel momento era, al decir de un compañero, «un caballero a todo lucir»: «Las mozas del Duero enamorábanse de él y los hombres temían su acero».

Álvar Núñez Cabeza de Vaca partió como tesorero en una expedición de cinco barcos y seiscientos hombres. Pretendían explorar las tierras de la península de la Florida, donde se suponía que se hallaba la fuente de la eterna juventud. No bien avistaron tierra, comienzan las calamidades. En la isla de Cuba, un huracán les hace perder varias decenas de hombres y de caballos.

Maltrechos, parten hacia la Florida. Sin conocer la lengua de los nativos, con apenas una libra de bizcocho y otra de tocino por barba, se adentran trabajosamente en busca de la ciudad de Apalache. Varios días después, tras algunas escaramuzas con los nativos —unos indios imponentes, con arcos gruesos como su brazo—, deciden cambiar de rumbo.

Ahora será la enfermedad la que merme la expedición. Los supervivientes construyen cinco barcas: fabrican cuerdas y jarcias con crines y colas de caballos, y velas con sus propias camisas. A duras penas, avanzan por el río sufriendo la sed, las flechas de los indios y las inesperadas tormentas. Cuando un terrible golpe de mar los deja desnudos y desposeídos, los indios que los encuentran se horrorizan. Obligarán a los españoles a quedarse con ellos, en una isla que Álvar Núñez bautiza como Malhado.

Un año pasa Álvar con aquellos indios, recibiendo muy mal trato y sacando raíces de debajo del agua para subsistir. Al poco, consigue pasar a otra tribu, en la que se hace mercader. Comercia con caracolas de mar, conchas y cuentas, que lleva tierra adentro, de donde trae cueros, pedernales, borlas de pelo de venado… Ahora puede ir y venir con libertad: ya no es un esclavo. Pasará seis años solo entre aquellos indios, desnudo como ellos.

Finalmente, se junta con otros españoles y conciertan un plan para huir. Para ello, les es de gran utilidad el deseo de los indios de convertir a los españoles en médicos. Además de cauterizar y soplar en las heridas (como ven que hacen los nativos), los cristianos santiguan a los enfermos y rezan por ellos en latín. Según explicará él más adelante en su libro de viajes *Naufragios y comentarios*, escrito para dar cuenta de su periplo, tal ardid, milagrosamente, funciona. Allá donde van, los nativos les piden que curen a sus gentes y les dan a cambio piedras preciosas, oro y plata. Tras tres años caminando, topan con una expedición española.

De regreso a España, a Álvar le ofrecen ser gobernador del Río de la Plata y el Paraguay, así que arma una flota y parte de nuevo. Pero vuelve a naufragar: llega a la costa de Brasil atado a un madero. Tras muchos meses caminando, entra en Asunción. Allí, instaurado en su puesto, Álvar defiende a los indios del cruel trato que reciben de los españoles. Su postura le acaba valiendo un motín de sus compatriotas, el destierro perpetuo de las Indias y el descrédito.

Sobre cómo pasó los últimos años de su vida, no hay más que rumores.

Manfred Gnädinger
Vecino del mar

1936, Radolfzell, a orillas del lago Constanza, Alemania.

Érase una vez...

Camelle es tierra de naufragios. Una diminuta parroquia gallega de apenas mil habitantes cuyo pedregoso litoral es azotado a menudo por los temporales. Forma parte, claro, de la llamada Costa da Morte. Algunos vecinos aún guardan memoria de muchas noches de niebla y lluvia y barcos en apuros. En la playa de Camelle las mareas han depositado historias, desgracias y regalos inesperados. Aunque no fue el mar el que llevó a Manfred hasta Camelle, sí lo atrapó y ya no lo dejó salir del lugar.

Manfred siempre había sentido una gran vocación artística. De joven, trabajaba como pastelero en una renombrada fábrica de chocolates suiza, y por medio de la repostería dejaba volar su imaginación. Más adelante, se marchó a Italia, para formarse como escultor. En su pueblo natal, al que regresó con veinticinco años, ya muerta su madre, encontró consuelo en las historias que le contaba una señora mayor originaria de Muxía. Ella le habló de la Costa da Morte y le metió el mar en el alma. Tanto que, enseguida, decidió partir en su busca.

Viaja por Francia y por el norte de España hasta que llega a Camelle; allí conoce a Eugenia Heim, una mujer de origen alsaciano que habla alemán. Ella se convierte en una suerte de madre para él y lo autoriza a vivir en la casa contigua a la suya. Manfred le da confianza. Es alto y amable, va pulcramente vestido.

Pronto se vuelca en la naturaleza y comienza a recoger del entorno todo tipo de objetos. Colecciona piedras, pinta las paredes de su casa de negro y empieza a meter en ella culebras y ranas. Estos extraños hábitos originan desavenencias con la familia de Eugenia. Manfred compra entonces un pequeño terreno en Punta do Boi, prácticamente en el mar, y con la ayuda de sus vecinos levanta una caseta. Se desprende de sus trajes, que cambia por un taparrabos. «Desde ahora, viviré como Robinson.» En total comunión con la naturaleza, sin electricidad ni agua corriente.

Manfred hace largas caminatas y también nada grandes travesías. Corre. Come principalmente de lo que cultiva en su pequeño huerto. Su pelo y su barba van creciendo. No renuncia al arte. Pinta su caseta con círculos de colores y, en los alrededores, va construyendo su particular obra de arte: esculturas y columnas hechas con piedras redondeadas por la erosión. Como un Gaudí primitivo o infantil. Extrañas figuras que hace con los materiales que le va entregando el mar: vértebras de cetáceos, cuadernas de barcos, ramas de árboles desconocidos...

En noviembre de 2002, un petrolero que lleva varios días a la deriva frente al litoral gallego se parte en dos tras una desafortunada maniobra realizada para alejarlo de la costa. Se desangra dejando una mancha negra de crudo que llega incluso a las costas de Francia y Portugal. Manfred pasea torpemente por las playas, aturdido y roído por la tristeza. Parece un pájaro más, naufragando en el chapapote. Un mes después, aparece muerto en su caseta.

Unos dicen que tenía problemas cardíacos y respiratorios. Otros, que murió de pena.

Amália Rodrigues
Máquina de coser tristezas

1920, parroquia de Pena, Lisboa, Portugal.

Érase una vez...

Amália nació en el tiempo de las cerezas, en una familia pobre y numerosa, originaria del campo. Fue a nacer en Lisboa, adonde su padre, que era zapatero y tocaba el cornetín en una banda, había emigrado en busca de trabajo. Catorce meses después, sin embargo, los padres regresaron a las labores campestres dejando a la pequeña Amália a cargo de sus abuelos paternos.

De su abuela recibió una educación estricta. Tímida e insegura, Amália cantaba con gusto para su abuelo y sus vecinos, pero enmudecía ante los extraños. En la escuela primaria cantó en público por primera vez a los nueve años, cuando su infancia estaba a punto de terminar. A los doce años ya trabajaba como bordadora, algo habitual entre las niñas pobres. Después, consiguió un empleo en una fábrica de pasteles. Conmueve imaginarla con sus manos menuditas entre hilos o harina y las hebras de un tango de Gardel o alguna canción popular en los labios.

Con catorce años, comenzó a vender fruta junto a su hermana Celeste en el puerto de Lisboa. Su hermosa voz era el mejor reclamo. ¿Quién no querría comprarle naranjas, bordados o ron traído de las colonias a aquella pequeña sirena? Pronto se hizo famosa en el puerto y se le sugirió que se inscribiera en un certamen para elegir a la reina del fado de los barrios. Se dice que el concurso no tuvo lugar porque nadie quiso competir contra ella.

El fado es un canto a la melancolía, a las pequeñas historias de los barrios más pobres, a la saudade por un imperio que dejó de serlo. Hay quien remonta su origen a Cabo Verde. El fado navega por la tristeza, por el fatalismo y por la frustración. Habla de amores que no regresan y de tristezas grabadas en el alma. Un buen fado hace llorar. Saladas lágrimas, que alivian y curan. Para Amália el fado procede del mar.

Poco a poco, Amália va dejando el regalo de su voz en las casas de fado de su ciudad. Su popularidad la llevará a cantar por todo el mundo, embajadora

siempre del sentir portugués. Su apego la llevará a residir en una calle popular de Lisboa, en una casa con cerezas pintadas en las paredes que se llenaba de vida al anochecer, durante las veladas de poesía y música que se alargaban hasta la madrugada.

Amante del té y las flores, ocultó siempre bajo unas gafas de sol a la humilde e insegura vendedora de fruta, a la niña tímida y pobre que nunca dejó de ser. Dicen que, en Lisboa, las entradas para sus espectáculos llegaban a venderse en el mercado negro. Pero ella, a veces, abría las ventanas de su casa y cantaba alegremente para quien quisiera escucharla.

Almas vencidas,
noches perdidas,
sombras extrañas.
Canta un rufián,
lloran guitarras.
Amor y celos,
ceniza y lumbre,
dolor, pecado.
Todo eso existe.
Todo eso es triste.
Todo eso es fado.

Leonardo Torres Quevedo

Anunciando el jaque mate

1852, Santa Cruz de Iguña, provincia de Cantabria, España.

Érase una vez...

Leonardo nació por casualidad en la aldea cántabra de Santa Cruz de Iguña: su padre, un ingeniero de caminos bilbaíno, en aquel momento trabajaba en la línea de ferrocarriles que por allí pasaba. De él heredó el interés por la técnica y la afición a las matemáticas; de su madre le vino la austeridad. De ambos, la idea de que la constancia y la pasión son los mejores pilares en que sustentar una profesión.

Leonardo siempre se tuvo por inventor. Desde niño, en su casa no había cosa rota que él no «compusiese o modificase». Sin embargo, no era un gran amigo del estudio (aunque completó su carrera de Ingeniería de Caminos). Cuando estudiaba, enseguida discutía con los autores de los textos y, claro, ante la ausencia de aquellos, siempre acababa teniendo razón.

Instalado en Cantabria con su esposa, echa andar su primer invento: un proyecto de transbordador. El primero que construye salva un desnivel de cuarenta metros gracias al arrastre de dos vacas. Está ideado para una persona y lleva una silla a modo de barquilla. El siguiente, no lejos de allí, está accionado por un motor mecánico, pero sirve solo para el acarreo de materiales. Estos primeros intentos se transforman en una patente que presenta en Suiza, país que —dada su orografía— está muy interesado en el transporte funicular. Sin embargo, no recibió el apoyo esperado y su idea incluso fue caricaturizada y ridiculizada en la prensa helvética.

Años después, una compañía española instaló un transbordador diseñado por Torres Quevedo en el Niágara. El aparato cruza una distancia de quinientos treinta y nueve metros y medio y ofrece unas vistas magníficas del remolino y los rápidos del río Niágara, a decir del folleto que lo publicitaba. Sin que haya tenido ninguna incidencia, este teleférico continúa transportando pasajeros en la actualidad en un viaje que permite sobrevolar el Niágara durante unos ocho minutos y medio.

Paralelamente, Leonardo trabajó en los globos dirigibles. Con ayuda de un capitán, hizo las primeras pruebas en un parque aerostático militar. Sus aparatos tenían un armazón semirrígido que los dotaba de mayor estabilidad y posibilitaba instalar motores más pesados, así como aumentar el número de pasajeros. Los ejércitos francés y británico los emplearon durante la Primera Guerra Mundial en la lucha antisubmarina, para proteger convoyes y vigilar las costas.

Incansable imaginador, el altísimo Torres Quevedo, de mirada perdida y larga barba venerable, continuó dirigiendo laboratorios, academias y proyectos. Suyo es el telequino, un mando a distancia básico que emplea ondas electromagnéticas. En las diversas demostraciones públicas que pudo realizar de este invento se cuentan los movimientos de un triciclo, una barca y un bote.

Podemos cerrar la lista interminable de sus ingenios con el más simpático de todos: un aparato ajedrecista que juega con rey y torre, como si fuera una persona, mueve las piezas, avisa galantemente de los errores del adversario, anuncia el jaque mate por un gramófono… y gana siempre. No así su creador, pues la mayor parte de sus inventos —por diversas circunstancias— quedaron a medias.

Junko Tabei
El horizonte desde un tatami

1939, Miharu, prefectura de Fukushima, Japón.

Érase una vez...

Junko nació en una pequeña ciudad agrícola, famosa por su cerezo milenario. Era la quinta de siete hermanos. Una niña débil y frágil que a menudo estaba enferma. De cuerpo escuálido y menudo, no amaba el deporte. Pero una salida escolar —una ascensión al monte Nasu, un volcán de más de mil metros de altura— hizo que se enamorara del montañismo. Más que el paisaje o las vistas, fue la actividad física misma lo que la conquistó.

Su familia no tenía grandes recursos económicos, así que la pequeña Junko no tuvo muchas ocasiones de practicar su nueva afición, si exceptuamos las escaladas realizadas con la escuela secundaria. Sí pudo ir a la universidad, donde estudió literatura inglesa y americana, con el objetivo de convertirse en profesora y ganarse la vida. Tras graduarse, retomó su interés por las montañas.

Empezó a frecuentar algunos clubes de montañismo masculinos. Las duras condiciones de algunas ascensiones le eran soportables; los prejuicios y estereotipos, no. Así que Junko decidió fundar un club que fuera exclusivamente femenino. Entretanto, trabajaba como editora de una revista científica y daba clases de inglés y piano.

Tres años después de fundar su club, Junko destacaba entre los grandes escaladores de su país y estaba esperando su turno para ascender al monte Everest en una expedición con unas cuantas mujeres más. (La espera, desde que se solicitaba el permiso al gobierno nepalí, era de cinco años.)

Organizar la ascensión no fue tarea sencilla. Apenas si conseguían financiación, en un país que aún consideraba que las mujeres debían quedarse en casa cuidando de los hijos. Pero las expedicionarias pusieron fondos de su propio bolsillo y recurrieron también al ingenio: con fundas de asientos de coche viejas fabricaron mochilas y cubrebotas a prueba de agua. Importaron plumas de ganso de China, muy baratas, para hacer sus sacos de dormir.

Algunos estudiantes —muchas de las aventureras eran profesoras— les consiguieron paquetes de mermelada.

Cuando se hallaban en el Everest a seis mil trescientos metros de altura, una avalancha se cernió sobre el campamento, y Junko y cuatro compañeras quedaron enterradas bajo la nieve. Junko perdió el conocimiento durante seis minutos, pero pudo ser rescatada por su sherpa, gracias a que sus pies asomaban fuera de la tienda de campaña. Tras el enorme susto, algunas escaladoras quisieron abandonar. Pero Junko tomó su mochila, la botella de oxígeno y el piolet, y comenzó a avanzar sobre la nieve.

Cuando alcanzó la cima sur, se encontró con una inesperada arista, puntiaguda como un cuchillo. Llegó a la cumbre arrastrándose. El lugar no era más grande que un tatami, afirmó más tarde.

Junko siguió escalando toda su vida, completando diversas hazañas por todo el mundo. Preocupada por la degradación del Everest —causada por los innumerables restos que los escaladores van dejando tras de sí— regresó a la universidad, a estudiar un máster sobre ecología. Aunque enfermó de cáncer, continuó escalando. Hasta su muerte, realizó una ascensión anual al monte sagrado de Japón, acompañando a un grupo de niños de su región, Fukushima, que se había visto afectada por un terremoto y un tsunami.

Vincenzo Lunardi
El aeronauta temerario

¿Entre 1754 y 1759?, Lucca, región de la Toscana, Italia.

Érase una vez...

Vincenzo Lunardi pertenecía a una familia de la nobleza menor de Nápoles, acostumbrada a viajar. Ya de joven, conoció la locura que se había desatado en Francia cuando los hijos de un fabricante de papel, los hermanos Montgolfier, consiguieron enviar a los cielos un globo de lino inflado con aire caliente. Vincenzo se dijo que él estaba hecho para fabricar globos y hacerlos volar.

En Inglaterra, adonde llegó como secretario del embajador de Nápoles, dio rienda suelta a su vocación. Era un hombre menudo, presumido y muy apuesto, de rostro fresco y movimientos gráciles, con un entusiasmo contagioso y que se peinaba el cabello en una corta melena sin empolvar. Resultaba tremendamente atractivo.

En aquel país, nadie había realizado un vuelo tripulado, así que Lunardi se dispuso a ser el primero. Para ello, expuso en el teatro su magnífico globo, de rayas rojas y blancas, y fijó un precio por entrar a verlo. También distribuyó panfletos en los que prometía una «grandiosa excursión atmosférica». Aunque de gran belleza, los primeros globos eran rudimentarios. El de Lunardi no tenía una válvula de escape para hacerlo descender a voluntad, aunque sí un sistema que expulsaba puñados de plumas y le permitía saber si el globo ascendía o descendía, así como un par de remos para «dirigirlo», que en la práctica se revelaron inútiles.

El día del lanzamiento se reunieron unas ciento cincuenta mil personas. A Lunardi lo acompañaban su perro, su gato y una paloma enjaulada. Cuando el globo se elevó, los integrantes de la multitud se quitaron solemnemente el sombrero. Mientras el globo vagaba, el italiano se dedicó a degustar muslos de pollo con champán, hablar por una bocina e incluso a lanzar cartas cuidadosamente atadas con serpentinas por los campos de la zona.

Este vuelo, de unos cuarenta kilómetros, desató la fiebre en Reino Unido: se pusieron de moda las faldas decoradas con globos, así como un sombrero

femenino alto y ahuecado como un globo. Lunardi concedió entrevistas y dictó conferencias. Se compusieron canciones populares y se vendían tazas, cajitas de rapé, broches y platos con motivos relacionados con la aeronáutica.

Tras alguna otra aventura en Inglaterra, Lunardi se dedicó a hacer vuelos por Escocia, con un gran globo de seda verde, rosa y amarilla. Algunos fueron accidentados —como cuando hubo de descender al agua y tuvo que ser rescatado del mar del Norte por unos pescadores— y otros menos agitados. Tras uno de consecuencias luctuosas, el piloto se fue del país y continuó sus ascensiones por Italia y España.

Una de sus demostraciones debió de ser especialmente divertida: Lunardi y las rachas de viento tuvieron entretenidos a la familia real española y a sus acompañantes, que asistían a la exhibición desde el palacio de Aranjuez. El globo aparecía tan pronto a un lado de palacio como al otro, desplazándose en bandazos rápidos, lo que obligaba a los espectadores a hacer lo propio dentro del recinto para gozar del espectáculo.

Tras sus muchos éxitos, el aeronauta temerario se retiró a Lisboa, donde, tras tres meses de enfermedad, abandonó la tierra por última vez.

Beryl Markham
Adiestradora del cielo

1902, Ashwell, condado de Rutland, Inglaterra, Reino Unido. O mejor...

1907, Njoro, África Oriental Británica, hoy Kenia.

Érase una vez...

Cedros, ébanos, caobas, tecas, abrazados por plantas trepadoras. La pequeña Beryl corre descalza. Leopardos, kongonis y búfalos. Beryl descifra rastros en las hojas aplastadas y la humedad de las boñigas. *Na furie sana ku wanana na wewe.* Beryl ya habla suajili, inglés todavía no. Kavirondos y kikuyus. Beryl empuña su primera lanza, orgullo del cazador. Un loro, una cebra, un babuino. Animales con los que compartir el día a día. Padre. Un único familiar con el que crecer y educarse.

Yeguas, potros, purasangres. Beryl aprendió de su padre el arte de domar y adiestrar caballos. Ganadores. Los recuerdos de su infancia exhalan todos un aroma equino, todos ellos se montan sobre la grupa de alguno de los caballos que la acompañaban. Camciscan, Coquette, Pegaso. Se convierte en una magnífica entrenadora; sus caballos se ejercitan entre bandadas de flamencos.

Cierta noche, Beryl observa los cielos desde la llanura. De pronto, se oye el ronroneo de un motor. Lejano y monótono como un tamtam. Un aviador en apuros traza círculos en el aire. Abajo, en tierra, ñus, avestruces y cebras se organizan en un baile errático, siguiendo los movimientos de la nave. También los humanos asisten entre extasiados y molestos al espectáculo estridente de las hélices que se acercan. Beryl decide dejarlo todo y aprender a volar.

Su instructor de vuelo, que no había enseñado a pilotar a nadie, le regala la posibilidad de cometer muchos errores, hasta que Beryl doma la avioneta y esta obedece a los mandos como un caballo a las riendas. Poco a poco, domina el aparato. Y el aparato domina los cielos africanos. El cielo, el viento, las estrellas se convierten en sus nuevos compañeros y aliados.

Beryl obtiene su licencia de piloto profesional y comienza a ganarse la vida surcando los cielos. Hoy traslada a un par de pasajeros, mañana lleva el correo; al día siguiente, transporta de emergencia una bombona de oxígeno para un buscador de oro herido; más adelante, rastrea para los safaris manadas de elefantes desde los aires.

Mwanza, Serengueti, Molo, Nakuru, Mombasa. En los mapas africanos de su tiempo, los nombres de las poblaciones se escribían con grandes letras, aunque los lugares fueran tan diminutos que apenas si se distinguían desde el aire. Beryl aprende a confiar en ellos, aunque resulten desconcertantes. A menudo, un categórico «inexplorado» es toda la información que la cartografía pone a su disposición. Beryl galopa por los aires libre como un antílope.

Y llegan El Cairo, Cagliari, Cannes, Londres. África queda atrás. Después, un vuelo intrépido, pionero, solitario y accidentado sobre el océano Atlántico, de este a oeste. El avión no sobrevivió. Sí su piloto, la indescriptible Beryl, que cuidaba de sus aparatos como si de criaturas animadas se tratase.

«Mi país es el mundo», dijo Beryl. Y así fue como lo disfrutó durante toda su vida, ajena siempre a las fronteras y las convenciones.

Tránsito Amaguaña
Las arrugas de la esperanza

1909, Pesillo, cantón de Cayambe, Ecuador.

Érase una vez...

Tránsito nació en un huasipungo de la hacienda La Chimba, al norte de Quito. Es decir, en un terreno que algún amo había cedido a su familia para que esta realizase en ella todos los trabajos agrícolas y de servicio. Los huasipungueros trabajaban prácticamente de sol a sol los siete días de la semana. En ocasiones, les pagaban por su trabajo: un costal de cebada, o de papa, o de trigo. Pero a menudo esta compensación se les escamoteaba.

Y así se crio Tránsito, entre los abusos y los maltratos de los patrones. Sin ir más lejos, su tía fue condenada a muerte por haber dejado morir a un ternero. Su propio padre fue apaleado por faltar un día al trabajo. A los siete años, Tránsito ya tenía las manos despellejadas y endurecidas. Todos los días, ordeñaba leche que no podía beber, trabajaba la tierra, acarreaba leña con la que no se había de calentar y pagaba cualquier error recibiendo más tareas y castigos corporales.

A los quince años, ya estaba casada y tenía un hijo. Fue entonces cuando empezó a asistir —de manera clandestina— a las reuniones del partido socialista. Su marido, alcohólico y suspicaz, pensaba que andaba con otros hombres. Una noche Tránsito regresó a casa y encontró muerto a su hijo. Tuvo dos criaturas más con aquel hombre antes de que, de resultas de una gran pelea entre ambos, los vecinos lo echaran de la casa.

Ella tuvo que dedicarse a tareas muy diversas, a cambio de las cuales solo recibía comida. Sin embargo, encontró energías para luchar por los suyos. Participó en la creación de los primeros sindicatos agrícolas de Ecuador, que solicitaban jornadas laborales de ocho horas, un día libre a la semana, un aumento de los salarios y catorce peticiones más.

Representantes de los indígenas huasipungueros marchaban a Quito periódicamente para presentar sus reivindicaciones. Tránsito cubrió hasta en veintiséis ocasiones los sesenta y seis kilómetros a pie, descalza, con un

niño en brazos y otro de la mano. Finalmente, se convocó la huelga. Ella fue una de las principales organizadoras. Por ello, destruyeron su vivienda, y Tránsito pasó a llevar una vida clandestina los quince años siguientes.

Con el tiempo, las peticiones de los huelguistas fueron atendiéndose y muchas familias pudieron regresar a las tierras, reunirse, levantar de nuevo sus hogares. Tránsito, que recordaba las vejaciones que había sufrido en la escuela, inició otra batalla para que los niños de la zona pudieran educarse. Su esfuerzo cristalizó en cuatro escuelas bilingües quechua-español.

Los avatares continuaron sumando arrugas a la cara de Tránsito. Pasó en presidio cuatro meses por falsos cargos, tiempo en el que murieron sus padres, sus dos hijos y una de sus nueras. Al salir del penal, regresó a La Chimba, junto a su otra nuera. Aún tenía fuerzas para seguir sembrando granos y cortando hierba para alimentar a sus cobayas.

Su cuerpo menudo, arrugado y tostado por el sol fue enterrado a tres mil metros de altura, a los pies del volcán Cayambe, donde siempre había vivido.

Mónico Sánchez
Pies y alas

1880, Piedrabuena, provincia de Ciudad Real, España.

Érase una vez...

En su diminuto pueblo, de apenas tres mil habitantes, el pequeño Mónico compaginaba su vida escolar con la ayuda a la familia: una y otra vez recorría a pie los cinco kilómetros de distancia que separaban la población de las hermosas riberas de un río manso… y muy útil. Hasta allí acarreaba la ropa que su madre lavaba por encargo, para aportar algún dinero a la economía familiar.

Imaginativo desde bien niño, tras ver a un hombre orquesta inundar el pueblo con su música, no dudó en fabricarse su propio instrumento ambulante con una flauta, un fuelle y varias tapas de cacerolas, y pasear con él llenando de ruido y alegría las calles de la población. Mónico se dejaba inspirar por las novedades de su entorno y, alimentado de ellas, echaba a volar su imaginación.

Sus pies, en cambio, se familiarizaban cada vez más con las asperezas del suelo. Con catorce años, trabajaba en una localidad cercana como chico de los recados. Y lo hacía descalzo, pues solo poseía un par de zapatos, que no quería desgastar. Ahora bien, como la mente de Mónico necesitaba de horizontes más amplios, pronto se trasladó a un pueblo algo más grande, donde comenzó como dependiente y terminó siendo dueño de su propio negocio.

Sin embargo, su sed de conocimiento y su curiosidad no le daban tregua, así que vendió todo lo que poseía, se compró un traje (vestimenta que debía de considerar indispensable para la vida en una gran ciudad) y se instaló en la capital con el propósito de estudiar Ingeniería Eléctrica.

Allí, Mónico podía disfrutar del espectáculo del alumbrado eléctrico, entonces incipiente, y dejarse llevar por el movimiento dócil y sereno de los tranvías de tracción animal o por la agitación mecánica de los primeros tranvías autopropulsados. Su proyecto de matricularse en la universidad, no obstante, se vio empañado por las huelgas estudiantiles del momento.

Mónico, que no se dejaba arredrar, buscó una alternativa: estudiar por correspondencia.

De nuevo su avidez de saber le dio el impulso que necesitaba. Y es que, al no hallar ningún curso por correspondencia sobre ingeniería en español, decidió matricularse en una academia británica, aunque no sabía inglés ni tenía una base matemática suficiente para afrontar el empeño. Tres años más tarde, había completado sus estudios a distancia y recibía una recomendación de uno de sus profesores para ocupar una plaza de ingeniero al otro lado del océano.

Con escaso dinero en el bolsillo y unos conocimientos de inglés que solo le permitían comunicarse por escrito, Mónico partió en un barco, dispuesto a afrontar nuevos retos en la tierra de las oportunidades. Allí fue donde diseñó su máquina de rayos X portátil y pudo trabajar finalmente como ingeniero. Pocos años más tarde, Mónico regresó a la paz de su pueblo natal, al que incorporó sus inventos y los adelantos técnicos que había conocido en ultramar.

Sus pies recorrieron mil y una veces más las calles de su infancia, iluminadas ahora por un tendido eléctrico que él hizo posible con las alas de su infinita curiosidad.

Yang Jiang
Fiel al original

1911, Pekín, China.

Érase una vez...

Yang nació en la capital de China, poco antes de que el último emperador chino abdicara del trono a la fuerza. Eran los comienzos de la república china y también de una época llena de conflictos, vaivenes y luchas ideológicas. Yang creció en el seno de una familia acaudalada y bien educada. Ella misma pudo estudiar en una prestigiosa universidad de Pekín. Allí conoció a su esposo, Qian Zhongshu, que con el tiempo se convertiría en un escritor de prestigio.

Yang y Qian compartieron su vida y su pasión por las letras. Viajaron juntos a Francia y Reino Unido, donde ella aprendió inglés y francés. A menudo, en su casa, los esposos se hablaban en uno de estos dos idiomas. Su única hija, de hecho, nació en Inglaterra. De regreso a China, Yang se dedicó a traducir al chino algunas obras de los idiomas europeos que conocía, y también escribió algunas piezas teatrales.

A sus manos llegó *La vida de Lazarillo de Tormes*, obra que decidió traducir de su versión francesa. Más adelante, se planteó hacer lo mismo con el *Quijote*. Leyó hasta cinco traducciones de la novela (al inglés y al francés, naturalmente) y se dio cuenta de que de ningún modo podría captar el alma del original y trasladar su esencia si traducía la obra a través de otras lenguas. Así que, con cuarenta y ocho años, optó por aprender español. «Quería ser fiel al original», dijo.

Su tarea le llevó años. «Trabajaba con toda la energía que era capaz de reunir, escarbando la tierra con una espada, pero el resultado era un mero arañazo en la superficie.» El país seguía convulso. Pronto, la llegada del comunismo al poder se reveló como un peligro para la clase intelectual. El esfuerzo de Yang peligraba. Cuando tenía ya casi terminado el primer borrador de su trabajo, miembros de los Guardias Rojos (un grupo de estudiantes movilizados desde el poder para acabar con las élites de la sociedad china) confiscaron el manuscrito en su casa de Pekín.

Eran los comienzos de la Revolución Cultural, que no fue sino una época de violenta lucha, desorden social y aculturación en campos de trabajo. La masa revolucionaria denunció a Yang y a su esposo ante el partido comunista. Su hija, que era profesora en la universidad y miembro del partido, hubo de manifestar públicamente una separación ideológica respecto de sus padres. Cuenta Yang que, aquella tarde, su niña regresó a casa, se apoyó contra ella y empezó a tejer silenciosamente mientras las lágrimas resbalaban por sus mejillas.

Yang y su esposo fueron llevados a una región remota. Vivieron durante años en una modesta habitación, dedicados a los trabajos forzados y sin ningún acceso a los libros. Y sí, afirmaba Yang, podrían haber salido de China si hubieran querido, pero no deseaban abandonar el país de sus ancestros y familias, por muy humillado y débil que se encontrase en aquel momento.

Cuando Yang regresó a Pekín, pudo continuar con su traducción. Por lo visto, el borrador casi completo fue hallado en una montaña de papel viejo y le fue devuelto. Aún hoy, su traducción del *Quijote* al chino se considera la definitiva.

Galina Ustvólskaya

La dama del martillo musical

1919, Petrogrado (actual San Petersburgo), Rusia.

Érase una vez...

Galina nació en una hermosa ciudad sin nombre… fijo (mientras Galina vivió, tuvo hasta tres). Son más duraderas algunas de las expresiones que se han utilizado para denominarla: la «Venecia del Norte» da cuenta de la belleza de los canales que la atraviesan; el «Agujero Negro», en cambio, simboliza los horrores que la ciudad vivió durante la Segunda Guerra Mundial y el terror experimentado bajo la dictadura de Stalin.

En esta ciudad cambiante, oscura y luminosa a un tiempo, pasó Galina casi toda su vida. En ella estudió composición y violonchelo y en ella impartió clases de composición. Allí experimentó la admiración, la pobreza y el olvido. Solo abandonó la ciudad —a la fuerza— durante la guerra, cuando hubo de ser evacuada con todos sus compañeros del conservatorio. Tres años después, pudo regresar y continuar con sus estudios junto al famoso compositor Dmitri Shostakóvich.

Aunque ella era alumna suya, era él quien le hacía llegar una copia de sus partituras para conocer su parecer y recibir su aprobación. Fue él quien admitió sentirse muy influido por su talento. Fue él quien le propuso matrimonio al poco de fallecer su esposa. Fue él quien inició un tributo a su pupila al incluir citas de las composiciones de esta en algunas de sus obras. Tuvieron una relación muy tierna, académica y personal, de la que ella, en su búsqueda de la pureza musical, acabaría renegando.

Las primeras obras de Galina fueron un éxito y los intérpretes más destacados de la ciudad las incluían en sus conciertos. Pero llegaron los años duros del estalinismo y pronto su nombre comenzó a desaparecer de los programas: su música, personal y difícil, no se ajustaba a los cánones deseados por la República Soviética.

En los años cincuenta del siglo xx, como vivía sumida en la pobreza, se avino a componer algunas obras por encargo y música para algunos documentales. Sin embargo, pronto se arrepintió y, más adelante, viajó por todo

el país buscando sus partituras, para destruirlas. En las pocas que sobrevivieron a su caza, anotó «por dinero», para dejar constancia de su actitud hacia ellas. Desde entonces, a pesar de su dramática falta de liquidez, Galina ya no abandonó jamás su estilo y su forma de entender la música.

Se ha dicho de su obra que es un monumento a la independencia y a la libertad artística. También, que procede del «agujero negro» (expresión que a ella le agradó al estar vinculada con su ciudad). Incluso que el dolor que trata de transmitir llega a experimentarlo físicamente el intérprete al ensayar y ejecutar determinados «racimos de notas» de sus composiciones. Ella consideraba que, por su espiritualidad, el mejor lugar para su interpretación eran las iglesias.

Durante los últimos años del estalinismo, su música comenzó a ser conocida en Europa. Pero la creciente fama internacional no cambió a Galina: continuó viviendo en su pequeño apartamento de su querida ciudad, viajó en contadísimas ocasiones y apenas aceptó entrevistas. Para ella, el mejor modo de hablar de la música siempre fue guardar silencio.

Jean-Eugène Robert-Houdin
Naranjas y mariposas

1805, Blois, departamento de Loir y Cher, Francia.

Érase una vez...

Jean-Eugène amaba los mecanismos. Pero su padre, relojero, quería que fuera notario. Y como su hijo tenía una caligrafía impecable, le consiguió un trabajo de pasante. Sin embargo, al joven solo le importaban los pájaros que alegraban la oficina: creó jaulas que se abrían y cerraban mediante resortes, duchas que se activaban al pasar los pájaros, un comedero travieso que huía de las aves… Finalmente, acabó de aprendiz de relojero con su primo.

Dispuesto a aprender el máximo sobre relojería, acudió a una librería de viejo para comprar algún tratado sobre el tema. Ya en casa, Jean-Eugène descubrió que, por error, había comprado un libro titulado *Ciencias recreativas*. El interior prometía: «Demostraciones de los escamoteos de cartas. Adivinar el pensamiento. Cortar la cabeza de un pichón y resucitarlo…». Ocho días después, el voraz lector sabía todos los trucos.

Con el tiempo, se instaló como relojero en Tours y, tras diversas peripecias y aprendizajes con magos, prestidigitadores y ventrílocuos, comenzó a ofrecer veladas y fiestas *fantásticas*. En una de estas fiestas conoció a un relojero de París, de cuya hija se enamoró. Contrajeron matrimonio y Jean-Eugène se instaló en la capital francesa, unió el apellido de su esposa al suyo y comenzó a trabajar con su suegro.

Pero Jean-Eugène solo ansiaba debutar como ilusionista. Así que se procuró un préstamo y fundó un teatro, que engalanó con el mejor gusto. Él no usaba los estrafalarios ropajes orientales de los magos de la época, sino que se presentaba sobrio e impecable, con un frac negro. Centraba la atención del público en sus manos y en sus palabras e intercalaba historias, poemas o explicaciones científicas en sus presentaciones. Quería hacer ver a su público que su «magia» nacía del ingenio y el arte, no de un poder misterioso.

Abría y cerraba una carpeta roja y plana, e iba sacando de ella sombreros de señora, ramos de flores, palomas… y hasta a su propia hija. Caminaba

entre el público, tocando los objetos que los espectadores le tendían, mientras su asistente (otro de sus hijos), con los ojos vendados, los describía al detalle. Tras pedir prestado un pañuelo a una dama del público, hacerlo desaparecer dentro de una naranja, convertir esta en polvo y elixir, y con este hacer brotar flores y frutos de un naranjo, repartía la cosecha entre el público y sacaba de la única naranja que quedaba en el arbolito el pañuelo de la dama, que volaba, sujeto por dos lindas mariposas, de nuevo hasta su dueña.

Siendo ya un mago reputado, fue enviado a Argelia para sofocar una revuelta. Así lo hizo Robert-Houdin, con dos trucos fantásticos. En uno, debilitaba a un hombre hasta el punto de que no era capaz de levantar un cofre del suelo diez minutos después de haberlo alzado con naturalidad. Con el otro truco, en el que atrapaba entre los dientes una bala que le disparaban, consiguió que se firmase un acta de lealtad a Francia.

Pasado el tiempo, Robert-Houdin se retiró. En su casa, conocida como la «Abadía de los Trucos», continuó trabajando en máquinas e ingenios hasta su muerte.

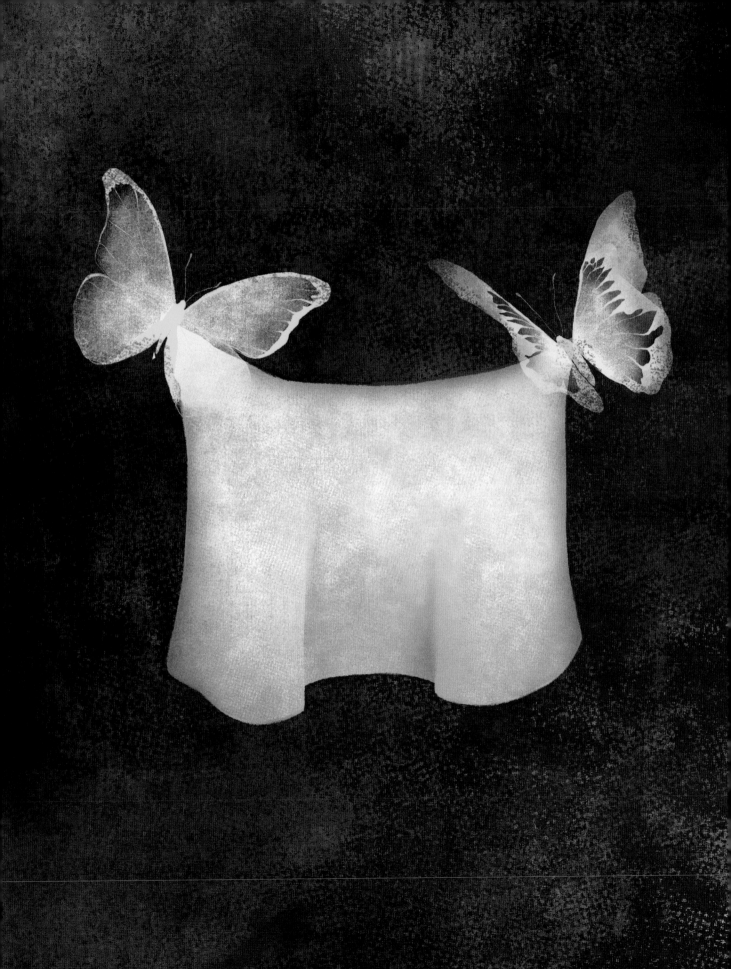

Luciano de Samósata

Un sofista en la luna

125, Samósata, región de Comagene, en la actual Siria.

Érase una vez...

Luciano nació a orillas del río Éufrates, en el último confín del Imperio romano, donde Oriente y Occidente se unen. Sus padres no podían costearle una educación, así que pronto se colocó como aprendiz de escultor con un tío suyo. No le fue bien: era torpe, discutía a menudo con su mentor y, tras arruinar una estatua en la que estaba trabajando, marchó a la región de Jonia, donde se hallaban las mejores academias de retórica de la época.

Alcanzó un gran conocimiento en retórica, literatura clásica y filosofía. Luego intentó ejercer de abogado, pero los ardides de la profesión lo dejaron desencantado. Se hizo sofista (aquel que enseñaba sabiduría) y recorrió el Imperio de ciudad en ciudad impartiendo lecciones y dictando conferencias.

En su *Historia verdadera* da cuenta de uno de sus múltiples viajes. Uno que, a todas luces, resultó extrañísimo y que había emprendido con «el deseo de averiguar dónde se hallaba el fin del océano y qué pueblos vivían en la otra orilla». Con sus acompañantes, Luciano pasó las Columnas de Hércules (el actual estrecho de Gibraltar) navegando serenamente. Pronto, una tormenta los llevó a la deriva hasta una isla. En esta hallaron un río que manaba de grandes vides que soltaban hilos de vino claro. Naturalmente, tras comer algunos de los peces que consiguieron pescar, se embriagaron.

Tras una corta estancia en la isla, decidieron proseguir y partieron a la aurora. En torno a mediodía, un tifón inesperado hizo girar la nave bruscamente y la elevó… Ya nunca descendería, sino que, a vela hinchada, viajó por el aire siete días con sus siete noches, hasta que alcanzó un gran país en el cielo, «luminoso, redondo y resplandeciente».

Allí conocieron a un hombre que cabalgaba sobre un buitre de tres cabezas. Asombrado de que los griegos hubieran llegado hasta aquel lugar, les explicó que él mismo había sido raptado de Grecia mientras dormía y que

había dado con sus huesos en aquel país, que no era otro lugar que la luna que «vemos desde abajo».

En su periplo (que incluye el regreso a la tierra y ser engullido por una enorme ballena kilométrica), Luciano topó con pájaros con cuerpo de hierba y alas de hojas gigantescas, zumo de aire, caballos hormiga, islas de queso, héroes de la guerra troyana… El libro termina abruptamente, con la promesa de que las siguientes aventuras se narrarán en otro volumen, que Luciano nunca llegó a escribir.

En las primeras páginas, advertía lo siguiente: «Escribo sobre cosas que jamás vi, traté o aprendí de otros, que no existen en absoluto ni por principio pueden existir. Por ello, mis lectores no deberán prestarles fe alguna». Su relato se puede contar hoy como la primera narración de ciencia ficción. La intención real de su autor no era solo ofrecer pura diversión, sino poner de manifiesto la falsedad de los mitos, las creencias e incluso los filósofos de su tiempo. De estos últimos llegó a decir: «Inventan sus doctrinas y por eso nunca dejan de contradecirse».

Lejos de ir a la luna, con cuarenta años Luciano se instaló en Atenas, donde vivió apaciblemente consagrado a la escritura.

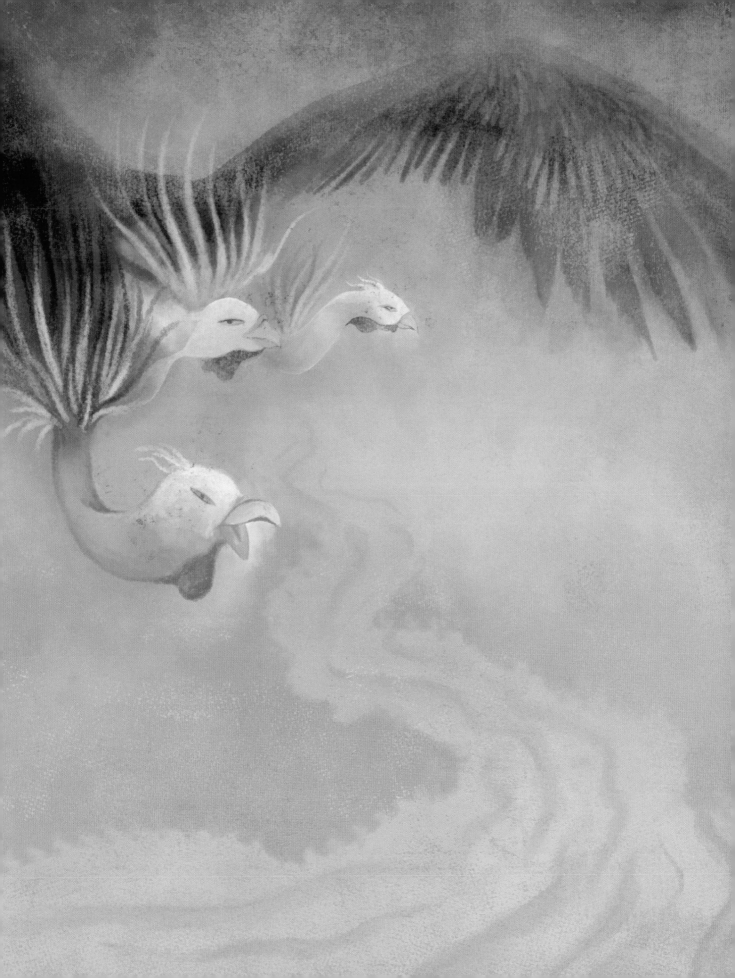

Anna Essinger
Maestra de vidas

1879, Ulm, estado de Baden-Württemberg, Alemania.

Érase una vez...

Anna nació en una calle cercana al río Danubio, en la ciudad de Ulm, a la sombra de la catedral más alta del mundo. Fue la mayor de nueve hermanos; por ellos dejó la escuela cuando tenía catorce años, pues su madre necesitaba ayuda en casa. Sin embargo, seis años más tarde tuvo la oportunidad de instalarse en Estados Unidos, en casa de una tía suya. Allí pudo continuar su educación, que ella misma se financió dando clases de alemán y dirigiendo una residencia de estudiantes.

Regresó a Alemania veinte años después. Su hermana Klara había fundado un orfanato, en el que se ocupaba principalmente de niños con problemas. Posteriormente, decidió transformarlo en un internado. Anna se convirtió en la directora; Paula —otra de las hermanas Essinger—, en la enfermera y ama de llaves. Tanto los dieciocho niños como los profesores y el personal vivían en la escuela.

Anna era corpulenta y severa, pero cariñosa y atenta. Sus gruesos lentes la dotaban de un aura misteriosa para los niños, que jamás sabían qué ocurría realmente tras ellos. La rutina en el internado era familiar y hogareña. Se hacía ejercicio antes de desayunar y el aprendizaje se realizaba yendo de excursión, llevando a cabo tareas manuales de limpieza y mantenimiento o en las «comidas lingüísticas». En estas los niños elegían si se sentaban a una mesa inglesa o francesa y practicaban durante la comida la lengua elegida. También había tiempo para aprender música, pintar, dibujar, cantar, hacer teatro… El día terminaba con un cuento y un beso de buenas noches de la directora.

En 1933, se ordenó a todas las escuelas que hicieran ondear la bandera nazi para celebrar el cumpleaños de Adolf Hitler. Anna la izó en la suya —que acogía a niños de todas las razas y religiones—, pero se marchó de excursión con sus alumnos, y dejó el edificio vacío. Poco después, tuvo claro que Alemania no era el lugar adecuado para educar a los niños en la justicia y la libertad. Tras encontrar una vieja casa de campo en el sur de

Inglaterra, envió a una comitiva de seis estudiantes y seis profesores para acondicionarla. Con sorprendente rapidez, recabó el permiso de las familias de sus alumnos para realizar un «viaje de estudios» al extranjero… del que nunca volverían.

En Inglaterra, los vecinos quedaron estupefactos. No sabían nada de lo que ocurría en Alemania y no comprendían qué pintaban en medio del campo inglés setenta niños alemanes con sus profesores. Pero pronto Anna empezó a estrechar lazos con la comunidad: organizaba conciertos, funciones de teatro, competiciones deportivas e incluso un día de puertas abiertas para involucrar a los niños y familias del país de acogida. La escuela aceptaba alumnos ingleses y no judíos, pues Anna estaba en contra de toda segregación.

La escuela se mantuvo durante veintidós años. Sus antiguos alumnos continuaron reuniéndose y homenajeando a su querida «tía Anna», como la llamaban. En Israel, una hermosa arboleda plantada por ellos lleva su nombre.

Wilson Bentley
La belleza de lo invisible

1865, Jericho, estado de Vermont, Estados Unidos.

Érase una vez...

Wilson creció y se educó en la granja familiar, en el norte del llamado «Estado de las Montañas Verdes». Aunque de constitución menuda (ya adulto, medía poco más de un metro y medio y pesaba unos cincuenta y cinco kilos), se dejaba la piel levantando paja y extrayendo patatas como cualquier otro granjero del valle. Los fenómenos meteorológicos lo apasionaban y todos los años esperaba con ansia la llegada de las primeras nevadas.

Cuando tenía quince años, su madre le regaló un viejo microscopio. Wilson se propuso observar los copos de nieve a través de él. Sus descubrimientos fueron fascinantes: aunque todos los cristales de hielo compartían una estructura hexagonal, todos eran diferentes. Pero su tarea resultaba también frustrante por evanescente: cuando el copo de nieve se derretía o se sublimaba (pasaba del estado sólido al gaseoso directamente), el milagro de su belleza y su diseño único desaparecían para siempre.

Para guardar memoria de las fascinantes e irrepetibles formas que veía con su microscopio y compartir sus hallazgos, Wilson empezó a dibujarlos. A los diecisiete años, tenía ya varios cientos de bosquejos. Fue entonces cuando su padre le regaló una cámara fotográfica. Wilson buscó la manera de acoplar ambos aparatos. Años después, consiguió captar la primera imagen de un copo de nieve al microscopio. Durante toda su vida, acabaría microfotografiando más de cinco mil. No encontró dos iguales.

Cazaba los copos en una bandeja fría cubierta de terciopelo. Con mucho cuidado para no derretirlos con su aliento, con un cerda de una escoba de su madre los subía a una placa enfriada y, luego, los empujaba suavemente con una pluma de pavo hasta centrarlos de forma adecuada. Esta placa fría era la que se colocaba bajo el microscopio, dentro de la cámara. Se dice que, esencialmente, su técnica es la misma que se emplea hoy.

Asimismo, durante siete veranos, Wilson también se dedicó a observar la lluvia. Recogía huellas de gotas de agua con una sartén poco profunda llena de harina de trigo. Tras varios experimentos, pudo averiguar el diámetro que tenían las gotas antes de caer en la harina. Estudió gotas de setenta tormentas. Recopilaba información sobre su tamaño, claro está, pero también consignaba la fecha y la hora en que habían caído, la temperatura, información relevante sobre el viento, el tipo de nube y su altura.

Su obra supuso una aportación no solo científica, sino también estética: de hecho, joyeros, grabadores y fabricantes textiles, que apreciaban la belleza de su trabajo, le requerían a menudo sus fotografías. Por otra parte, nunca dejó de trabajar, junto a su hermano mayor, la tierra de su granja.

Diez meses después de haber tomado su última microfotografía (con la misma cámara con que había hecho la primera), Wilson tuvo que atravesar una tormenta de nieve, vestido de forma poco adecuada, para poder regresar a casa. Al poco, enfermó y murió. Se dice que, antes de que enterraran su ataúd, cayeron sobre él algunos copos de nieve.

Selma Lagerlöf
A lomos de un ganso blanco

1858, Mårbacka, provincia de Värmland, Suecia.

Érase una vez...

Selma siempre guardó hermosos recuerdos de Mårbacka, la finca familiar en la que se crio con su familia. Aunque no todo fueron alegrías y anécdotas divertidas: con tres años, sufrió una enfermedad que le restó movilidad, de ahí que su infancia fuera más bien sedentaria. Buscó refugio en la literatura y, a los doce años, ya había comenzado su carrera literaria con un largo poema sobre su amada finca.

El padre de Selma albergaba muchos sueños para la hacienda familiar. Sin embargo, las dificultades que fue encontrando en su administración acabaron conduciéndolo al alcoholismo. Su hijo mayor, Johan, se hizo cargo de la producción agrícola de Mårbacka, pero sus desvelos fueron en vano. Pronto terminarían arruinados.

Selma se dijo que tendría que aprender alguna profesión y eligió la docencia, en contra de los deseos de su padre, que no quería que continuara con su educación. Pero es que a Selma no le interesaban nada las tareas domésticas, decía de sí misma que era muy torpe en la cocina y malísima bordando. Finalmente, gracias a un préstamo que le consiguió su hermano Johan, pudo marchar a Estocolmo para comenzar sus estudios.

Como maestra alcanzó una gran popularidad, pues sus lecciones eran amenas y fascinantes. Selma sentía un gusto especial por contar historias, inspiradas en su localidad natal y en las leyendas nórdicas que su abuela paterna le transmitía. Combinaba su actividad docente con la literaria.

Cuando llevaba tres años como profesora, supo que su querida Mårbacka saldría a subasta para liquidar las deudas pendientes. Selma se hizo la firme promesa de que algún día recuperaría la propiedad familiar. Con los cinco capítulos que llevaba escritos de una novela, se presentó a un concurso literario convocado por un periódico cultural: el premio ascendía a la mitad de su salario anual. Ganó.

En 1902 se le encargó escribir un libro escolar para enseñar a los niños la geografía de Suecia. Selma pasó tres años estudiando el paisaje, la flora y la fauna, la industria y las costumbres de su país. En la historia que escribió, Nils, un niño que ha sido reducido a un palmo en castigo por su egoísmo y que viaja a lomos de un hermoso ganso blanco doméstico, se une a una bandada de gansos grises salvajes en su migración anual hacia el norte. Visita todo el país. El libro fue un gran éxito en todo el mundo. De hecho, el escritor Kenzaburō Ōe, que conocía el libro desde su infancia, cuando recogió el Premio Nobel de Literatura en 1994, indicó que todo en Suecia le resultaba tan idéntico a lo descrito por Selma que le parecía estar viajando por un país ya conocido.

Selma volvió a comprar Mårbacka y cinco años más tarde recibió el Premio Nobel de Literatura. La medalla la acabaría donando para juntar fondos para apoyar a Finlandia en su resistencia ante el nazismo. En sus últimos años, también encontró fuerzas para luchar por los derechos de la mujer y para ayudar a abandonar la Alemania nazi a otros escritores e intelectuales.

Mårbacka —tal y como pidió Selma— permanece abierta para que cualquiera que lo desee pueda visitar la casa y los jardines que tanto amó la escritora.

Índice temático